现代家庭
教育丛书

# 家教200
## 难题问答

曾可馨 胡紫岩 编著

广西科学技术出版社

图书在版编目（CIP）数据

家教 200 难题问答 / 曾可馨，胡紫岩编著. —南宁：
广西科学技术出版社，2012.8（2020.6 重印）
（现代家庭教育丛书）
ISBN 978-7-80565-356-3

Ⅰ. ①家… Ⅱ. ①曾… ②胡… Ⅲ. ①家庭教育—问
题解答 Ⅳ. ① G78-44

中国版本图书馆 CIP 数据核字（2012）第 192537 号

现代家庭教育丛书
**家教200难题问答**
JIAJIAO 200 NANTI WENDA

曾可馨　胡紫岩　编著

| | | | |
|---|---|---|---|
| **责任编辑** | 何杏华 | **封面设计** | 叁壹明道 |
| **责任校对** | 卢林玲 | **责任印制** | 韦文印 |

**出 版 人**　卢培钊

**出版发行**　广西科学技术出版社
　　　　　　（南宁市东葛路 66 号　邮政编码 530023）

**印　　刷**　永清县晔盛亚胶印有限公司
　　　　　　（永清县工业区大良村西部　邮政编码 065600）

**开　　本**　700mm×950mm　1/16

**印　　张**　15

**字　　数**　193 千字

**版次印次**　2020 年 6 月第 2 版第 6 次

**书　　号**　ISBN 978-7-80565-356-3

**定　　价**　29.80 元

本书如有倒装缺页等问题，请与出版社联系调换。

# 前 言

## 《家长报》编辑部

本报同仁能将这本书奉献给读者，深感欣慰。借此机会，谨向全国数亿家长致以崇高的敬意！

《家长报》自创刊时起，为解答各地家长提出的种种疑难问题，就在第三版开辟了《家长信箱》（后改为《老王信箱》）专栏，对成千的读者来信分别作了处理：有的在专栏里公开答复；有的单独复函；有的转有关部门处理。读者对此反映很好。现精选其中 200 个问题汇编成册，以满足广大家长和家庭教育工作者、中小学教师的需求。

为便于读者查阅，本书分道德与情操、学习与发展、家庭与生活三个部分编写，内有教育儿女成人的"法宝"，有纠正孩子不良习气的"秘诀"，有改善家庭关系的良方，有消除两辈"代沟"的箴言，有家庭生活常识的介绍，有医治儿童常见病的荐方。每条问答都是针对家长的询问，有的放矢，客观地进行解答。在解答中既注意联系实际宣传我国家庭教育的优良传统，又注意传递国外家庭教育的最新信息。本书力戒术语堆砌给人以生僻晦涩之感，没有板着面孔咄咄逼人的训斥口气，而是情意诚挚，言词中肯，生动贴切，通俗易懂，力求科学准确，照顾家长实用。可说是一本反映当代家教现实、指点家教迷津、安排家庭生活的有益读物。我们相信，家长所遇到的难以解决的甚至束手无策的困惑与疑难问题，大都能从本书中找到简明的答案。

这里要说明的一点是，来信者中有些不是家长，而是与家教工作有关的干部、教师和中小学生。这些干部和教师所提问题，也大都与家庭教育有关；而孩子们反映的情况和提出的问题，更是自身的家教体验。答复这些问题，对家长亦有借鉴作用，所以，仍将这一部分收入本书。由于收入本书的来信时间跨度较大，来信人的身份和地址也会改变，因此，在收进本书时，都略去了姓名和地址，仅用"问"和"答"来连接上下文。

要说明的另一点是，有些答问，我们借助了在本报上发表过的有关文章；一些关于医药卫生方面的答复，我们请教了有关专家，在此一并表示谢意！

参与编写的有胡紫岩、库一、杨谨诚、马素华、曾可馨、徐林章、王执中、丁文礼、陈道宏、陈逸轩。由本报主编胡紫岩和第三版责任编辑曾可馨负责统稿。由于我们思想水平和知识水平有限，答问中难免有不准确、不完善、不妥当的地方，敬请读者指正！

# 目　录

第一篇　道德与情操

## 第二篇　学习与发展

## 第三篇　家庭与生活

# 第一篇　道德与情操

# 重要的是教给孩子怎样生活

问：

　　我很想了解一下，在21世纪到来之际，作为家长对孩子的教育，既要培养孩子成才，更要培养孩子首先成人。为此，应该从哪些方面教育孩子以形成良好的品质，希望赐教。

答：

　　你提出的是一个十分重要的问题。据我初步思考，恐怕作为新世纪的青少年，从小就应该培养他们如下方面的品格，以打下今后生活的基础。简言之，就是要教给孩子怎样生活。

　　1. 快乐。保持心情愉快。愉快能培养孩子开朗的性格，使孩子在以后漫长的生活中永不倦怠。怎样教会孩子快乐呢？放手让孩子自己去玩。孩子有了自己支配自己的机会，会过得非常愉快。父母自己的生活过得充实愉快，孩子就能从你的身上得到许多乐趣。

　　2. 诚实。这是一种可以被人信任的品质。它的含义之一是以诚待人，言行一致。要让孩子具备这一优良品质，必须持之以恒地教育孩子，做事说话一定要坦诚实在，不说谎话、不说大话。最好经常交给孩子一些事情做，并要求他完成。久而久之，孩子便养成了诚实的性格。

　　3. 勇敢。要诚实地生活，需要勇敢，要在广阔的天地里有所作为，同样需要勇敢。父母应主动培养孩子勇敢地对待生活，告诉孩子，他们以后可能会遇到痛苦。但当孩子真的遇到困难时，要极力安慰他。这样，孩子知道你理解、关心他，他便很快从创伤中走出来，勇敢地走向生活。

　　4. 信心。培养孩子对生活充满信心，是孩子日后成功的必备素质。父母应尊重孩子，热情地听听他们的计划、愿望。无论他们的想法多么幼稚，也要尽可能帮助他们实现。我们可以向孩子打开书籍、音乐、艺术的世界，这是培养孩子自信心的有效途径。

最后，还要帮助孩子树立一个信仰：热爱自己的祖国。同时，通过自己的实际行动教会他们去把信仰变成行动，这也是孩子要学会的最重要东西。

# 孩子敬佩什么样的父母

问：

贵报在 1989 年儿童节发表的《父母在孩子心目中的印象——五十名儿童访谈录》一文，其中有我上初中孩子的发言，看来，他对我们的印象不佳，这使我们为父母的深感不安。请问，孩子敬佩什么样的父母？谢谢。

答：

你的心情我能理解。想想办法，找找原因，情况是能够改变的。

从调查资料来看，中学生敬佩具有下列素质的父母：

1. 既有中国妇女传统的美德——贤淑、勤劳、敬老、爱幼，而又有现代文化修养、思想开放的妈妈。

2. 勤奋好学，在自己的工作或专业上有所成就的父母。

3. 懂得子女内心世界，性格开朗豁达，和子女有共同语言，能在某方面给子女以启发和帮助的父母。

4. 文化程度虽低，但不甘落伍，坚持业余自学，不断提高自己文化水平和工作能力的父母。

5. 在思想上能帮助子女树立理想，并积极创造条件，激励子女为之奋斗的父母。

6. 以身作则，作风民主，赏罚分明，以理服人，不打不骂，不以家长权威压制子女的父母。

7. 在支配业余时间、安排业余爱好、交友和参加社交活动等方面，尊重子女的独立性和自主精神并给予帮助指导的父母。

8. 作风正派、廉洁奉公、乐于助人，在单位受到同事和领导好评、表扬、奖励的父母。

9. 父母关系和谐，业余爱好高尚，不粗俗，不酗酒，举止文明的父母。

我建议你从以上几个方面找找原因。祝你幸福。

# 家庭教育的"忌讳"是什么

**问：**

一天晚上，我们谈到家庭教育的"忌讳"这个问题。我妻子认为，是父母的意见不一致。我却以为，是老师和家长之间的意见不一致。请问，除此以外，还有哪些方面的不一致，会影响到家庭教育？

**答：**

有人根据大量的调查资料，总结出家庭教育有"十忌"。现录给你们参考。

这"十忌"是：

1. 父母之间不一致。表现为对同一问题的不同态度；或严父慈母，或严母慈父。

2. 长辈与晚辈不一致。表现为祖父母和外祖父母对儿孙隔辈亲，过分的宠爱。

3. 朝令夕改。昨天要求的和今天不一样。

4. 公开教育与背后教育不一致。表现在公开场合考虑影响和面子从严要求，而在背后放任自流、得过且过，甚至进行错误的教育。

5. 家庭教育和学校教育不一致。表现在溺爱孩子，对学校的教育和严格要求不配合，乃至表现出不满和对立情绪。

6. 言教与身教不一致。表现在要求孩子严格，可自己做的却是另一回事。

7. 对男孩、女孩抚育和期待不一致，重男轻女。

8. 对最大的与最小的孩子的抚育、期待不一致，对最大的疏，对最小的亲。

9. 满足物质需要和精神需要不一致，注重吃穿用，忽视思想教育和智力开发。

10. 德、智、体发展要求不一致，重视孩子的升学，偏废孩子的品德教育和体育锻炼。

# 家庭怎样促使孩子进步

问：

我们有个独生子，全家都希望他将来成才，那么，怎样才能促使孩子进步呢？

答：

在收到你的来信之前，我们已收到好几位家长的来信，询问与你相同的问题，现借此机会一并公开作答。

孩子的成长，的确与家庭有不可分割的关系。从细微末节的生活小事到影响孩子思想性格的形成，家庭若有种种良好的熏陶，便能有利于孩子的进步。必须注意的，主要有以下两点：

1. 家庭成员要有较强的责任感；有广泛的知识面和谈话范围；能有规律地吃饭、睡觉、娱乐、工作和学习。这样，孩子在家庭成员的耳濡目染下，在良好的家庭教育环境中，自然而然地会养成良好的学习习惯和生活习性，进而逐渐具备成才所必不可少的自觉性和持之以恒的心理素质。

2. 家庭要经常组织孩子参观博物馆、图书馆、动物园、名胜古迹等。鼓励他们加入到各种娱乐和游戏活动中去，与他们一起远足、爬山等。因为现代社会需要的是具备多角色功能和高知识结构且精力充沛的综合人才，如果您的孩子兴趣单一，家庭又不安排户外活动，那么，孩子的社会知识必定贫乏，思维与智力也会逐渐被淘汰甚至倒退，并使孩子随之丧失进取之心而终日沉溺于自卑的苦海中。这无疑将会给社会增加负担。

# 父母态度会影响孩子的性格吗

问：

有人说，孩子性格的形成与父母对他的态度有直接关系。此说能成立吗？

答：

一般说来，此说能成立。

父母对孩子爱而不娇、严格又民主，子女的性格多表现为亲切、直率、活泼、端庄、独立、协调、有活动能力、善于和同学相处。

父母若对孩子过于溺爱，子女的性格多表现为撒娇、放肆、神经质，且自以为是，缺乏责任心，没有耐力。

父母对孩子过分严格，子女的表现则往往是或逃避或反抗，或胆怯或残暴，有的会形成阳奉阴违的坏习气。

父母对孩子过分照顾、保护，不让孩子做事、活动，子女的性格多半消极、依赖，没有责任感，缺乏忍耐力，遇事优柔寡断，不适应集体生活。

父母对孩子冷淡、置之不理，子女多愿寻求他人的爱护，力图招惹别人对自己的注意，有的喜欢惹事生非，有的好攻击挖苦别人，有的却表现为性格冷漠，与世无争。

父母对孩子忽冷忽热、反复无常，使人捉摸不定，子女多表现为情绪不稳定，多疑多虑，且缺乏判断力。

因此，父母对孩子的态度不可不慎。


# 哪些家庭有害儿童的心理健康


问：

做父母的，无不希望孩子健康成长。我们亦然。不过，从现实生活中的一些教训来看，有些家庭不仅没有收到好的效果，还有害于孩子的心理健康。你能告诉我，哪些家庭会有害于儿童？谢谢。

答：

国外一些心理学家认为，下述 10 种家庭对儿童的心理健康十分有害。

1. 小孩长期得不到父母的爱，体会不到父母对自己的关心和照顾。

2. 父母对待儿童的态度不一致，忽而放任不管，忽而过分约束，或母亲对孩子溺爱而父亲却特别严厉。

3. 同胞间的争斗，非常不友好。

4. 经常在身体或心理上受到惩罚或严重的虐待。

5. 对儿童提出非常不现实的过高的要求。

6. 有些儿童受父母的诱惑而养成不良习惯。

7. 父母对儿童的生理欲求，如饮食、抚抱等做出非常冷淡的表示。

8. 坚持要求儿童担负与其年龄、性别和能力不相称的角色。

9. 父母强迫孩子站在父亲或母亲一边，或企图控制儿童的感情和爱好。

10. 父母与孩子争权夺利。


# 什么是溺爱孩子


问：

在《家长报》上读到一个少年犯"不要粗暴，不要溺爱"的呼唤，受到极大震动。然而，什么是溺爱孩子？我却不太清楚；请把父母溺爱孩子的几种情况告诉我，以便对照反省。

答：

当前父母溺爱孩子大致有以下几个方面：

1. 娇宠。视孩子为"掌上明珠"，珍爱过甚，不让参加劳动，连孩子能做的事也包办代替。

2. 姑息。孩子明明错了，不批评不教育，无原则宽容，任其发展。

3. 迁就。当孩子提出无理要求时，父母为讨好孩子，一味给予满足，真是"有求必应"。

4. 纵容。有的孩子自由散漫，随心所欲，胡作非为，蛮不讲理，可家长认为孩子还"小"，"不懂事"，不予约束，放任自流。

爱孩子是人之常情，然而娇纵溺爱，危害非浅。教育家马卡连柯说："过分的溺爱虽是一种伟大的情感，却会使孩子遭到毁灭。"只有宽严并济才是真正的爱孩子。


# 胆小、不合群是否与独生有关


问：

我的女孩快上幼儿园了，可她还是那样胆小，不合群。我妻子认为是独生子女所固有的特性。我想说服她，但讲不出更多的道理。你能帮助我回答这个问题吗？

答：

幼儿的胆小、不合群，主要是生下来后周围环境以及大人教育、影响的结果，并非独生子女所固有。

过去和现在，都曾有人担心独生子女在家庭中缺乏伙伴，由此而产生孤僻等一系列不良品性。这从心理学或从生活中的事实来看，都有可能发生。但从另一方面看来，不同年龄的孩子生活在一起，虽然相互学习帮助，却也有缺陷。特别是增加了老大的精神负担和压力。久而久之，还会形成暴躁的性格，减少对新活动的积极性和兴趣，从而对智力的开发起不良影响。从幼小者来说，时常与哥哥姐姐在一起也是不太相宜的，容易缺乏独立活动的能力，逐渐养成依赖、胆怯等不良品性。有时也可能出现另一种情况，父母娇宠小的，从而使小的养尊处优，才智的成长既缓慢，品德也有某些欠缺，骄娇二气并不亚于独生子女。

由上看来，独生子女是有利于其发展的一面。当然，关键还在于正确教育。提倡夫妇只生一个，无论从优生学或心理学角度看，都是利国、利民、利家、利己，尤其便于优教。

# 培养孩子毅力的方法

问：

我的孩子平平，现读小学三年级。这孩子头脑灵活，接受能力较强，但有个严重缺点就是缺少毅力，做事情只有五分钟的热度。特别是稍一遇到困难时，就畏缩不前，甚至干脆甩手不干。请问这样的孩子应该怎样教育才好？

答：

你提出的问题具有相当的普遍性。恰好我的孩子军军过去也有与你孩子相类似的毛病。经反复琢磨，并阅读了有关材料，我们针对他的毛病采取了以下五种方法，觉得颇有成效。

1. 精神激将法。一次，军军的妈妈叫他把家里的几扇窗户擦干净。本来军军是完全有能力完成这个任务的，可是他擦了几下就不想干了。于是，我便故意对军军说："我不相信军军能把几扇窗户擦干净！"军军听了我的话一下子跳起来说："我就是能擦干净！"好像硬是不认输似的，一边说，一边就高高兴兴地擦窗户去了，而且把几扇窗户擦得非常干净。后来，我表扬了军军，军军也十分高兴。

2. 诱导鼓励法。一次，我叫军军做一道数学题，军军只稍微想了想，便认为做不出来准备打退堂鼓了。这时，我一边要求他再仔细反复地读读原题，琢磨题意，一边启发诱导鼓励他深入钻研。结果，他终于把那道题做出了。他为自己的胜利所鼓舞，脸上也情不自禁地露出了喜悦的笑容。

3. 榜样示范法。为了培养孩子的毅力，不管做任何事情，我总是以良好的榜样去影响孩子。一次，为了完成一项上级交给我的写作任务，我连写了好几遍，交给领导审阅，领导都说不够理想。后来，我又反复修改多次，终于写成功了，而且见了报。我根据切身的体会现身说法，把这事讲给军军听，军军见我对待写作那样认真，很受感动，便对我说："我以后也要像爸爸那样，不怕困难，不把事情做好决不罢休！"

4. 故事熏陶法。军军很喜欢听故事，为了培养军军做任何事情都有毅力的优良品格，我便经常有意识地给他讲一些古今中外的名人故事。结果，军军从这些故事中受到了熏陶，得到了感染，从而培养了军军顽强的毅力。

5. 竞争比赛法。有时为了要军军去完成一项任务，我总是经常地和他开展竞争比赛，以此去鼓励他坚持把任务完成得更好。如有一次，我带着军军回老家参加割麦子的农务劳动。军军那时才 10 来岁，而且从未割过麦子，于是我便把着手教他，结果，他很快就学会了割麦子，但是，割了不多久，他就不想再割了。于是，我又要求军军振作起精神来，和我比赛比赛。为了鼓励军军劳动的积极性，比赛中，我故意割得慢一些，让他超过了我，我抓紧时机表扬了他，他很高兴。后来，他在割麦中不慎手指头被镰刀割破了点皮，我叫他休息，但怎么说他也不肯，用布把伤口包扎好，又和我比赛起来，直到完成了任务才去休息。

通过上面几种方法的引导和教育，军军做事再也不像以前那样怕困难了，顽强的毅力也逐步培养起来。看到军军的进步，我和家里的人都很高兴，军军自己也感到非常高兴。以上做法当然还不够完善，况且孩子各有不同的性格，不能一一照搬，但也许对你还有可资借鉴之处吧。

# 在我国，哪些家庭的孩子容易犯罪

问：

不久前，我有机会接触了一些少年犯，为他们年纪轻轻而犯罪深感痛心。请问，少年犯罪与家庭有什么关系？

答：

前苏联教育家 B·尤斯季茨基列举了容易导致子女犯罪的四种家庭类型。

1. 对社会不信任的家庭。对周围的邻居、熟人、同事都不很信任。他们不仅提防、怀疑周围的一切人，还常常抱怨自己吃亏。

2. 为了达到目的而不惜冒险的家庭。他们的行为常常越轨。当孩子违反了行为规范或法律而得到好处时，他们予以鼓励；而受到惩罚时，他们只是提醒孩子以后不要被抓住。

3. 没有教养、爱动武的家庭。这类家庭解决矛盾的手段靠武力。他们说话粗暴，常常惩罚孩子，爱喝酒，家里经常吵架。

4. 只图眼前快乐的家庭。他们只图一时快乐，从不考虑今天所作所为会给明天带来什么后果。他们爱赌博。家里经常处于不和状态。

问：

读了你对李丁同志所提问题的答复，我还想作进一步的了解，即：在我国，哪些家庭的孩子容易犯罪？能告诉我吗？

答：

我这里正好有一份材料，说的是青少年犯罪情况，其中归纳出有四种家庭，容易导致孩子犯罪，你可一阅。

1. 不检点的家庭。父母在子女面前，毫不掩饰自己过于亲昵的言行，高谈阔论色情行为，甚至在家庭中放淫秽音像，看色情、凶杀的书刊。

2. 不廉洁的家庭。其家长大都握有一定权力，对别人的"进贡"屡屡"笑纳"，敲诈勒索；有的家长大搞请吃请喝，公开为私事开绿灯，受贿行贿，乃至腐化堕落。

3. 不健全的家庭。一是父母都有不正当的男女关系，家庭畸形；二是父母离婚，或一方病故，子女没有温暖，得不到抚养和教育；三是后母或继父的子女多，纠纷多，关系紧张。

4. 不和睦的家庭。夫妻不会调整感情，遇事互不相让，动辄唇枪舌剑。上行下效，子女变得粗鲁野蛮，从小就好寻衅滋事，打架斗殴。

# 和孩子说话有"诀窍"吗

问：

我在对一些小学生的调查中，发现不少小朋友常常由于父母说话不够注意而与之发生冲突。请问，家长和子女说话有没有"诀窍"？

答：

有关专家经过长期研究发现，家长和子女说话是有"诀窍"的。使用得好，可能避免父母与子女间发生不必要的冲突，使彼此关系更为融洽和谐。

如果碰到下列冲突场面时，不妨按"对"的一种语言来说话：

1. 不起床时

对：现在已经七点，该起床了，我不再叫你了。

错：这么大了，每天还要人叫。

2. 看电视选台时

对：先一旁讨论，决定后再看。

错：再吵就不准看。

3. 看电视时间太长

对：我觉得你花在看电视上的时间太长，是不是需要调节一下？

错：你要是读书像看电视一样认真就好了。

4. 坚持要买某种东西

对：我知道你喜欢，但是我们没有这笔开支，能不能另想办法？

错：你以为需要什么就有什么，我又不是万元户。

5. 不告而外出

对：我想知道你去哪里，何时回来，好让我放心。

错：别把家当旅馆，要来就来，要走就走。

6. 顶嘴

对：你的意见和我不一样，我们需要讨论。

错：你的翅膀硬了，居然敢和我顶嘴！

7. 零用钱

对：这些钱你打算怎么用？

错：给多少，用多少，你太不知节俭了。

8. 做家务

对：我知道你不想做这件事，但是如果让我做，我会很累的。

错：做点家务事拉这么长的脸，家又不是我一个人的。

9. 不做功课

对：你好像不想做功课，是不是有什么困难？

错：不好好读书，将来你和你爸爸一样没出息！

# 责备孩子也要讲究方法

问：

在我们家里，经常发生与孩子"顶牛"现象，有时孩子做错事，我责备他也不生效。请问：怎样才能教育好这样的孩子。

答：

在日常生活中，孩子难免做错事，责备孩子是必不可少的，有时确会发生"顶牛"现象，但有一点是必须注意的：家长应讲究责备的方式方法，否则，效果就会适得其反。

1. 首先要让孩子知道自己受责备是因为做错了事，使孩子懂得批评的意义并接受教训。

2. 同一件事，母亲责备过了，父亲不要再批评，不然会伤孩子的自尊心。

3. 责备孩子时要根据孩子不同的性格采取不同的方式。性格开朗、大胆、乐观的孩子可以稍微严厉些；对于性格内向、胆子小的孩子责备则应温和、婉转些。

4. 责备孩子时应尽量避开他的朋友、同学和外人，也不要动不动以告诉老师威胁孩子。

5. 对孩子的要求要统一，切不可因父母的喜怒情绪行事，也不应一方责备，另一方护短。

以上各点，请你根据实际考虑，只要耐心教育，又严于律己，相信孩子是会逐渐改变好的。

# 还给孩子自由

问：

　　孩子自进入中学以后，我和他妈都对他管得很紧，给他作了"全天候"的时间安排，孩子似乎变得沉静了，但觉得他有些呆滞和羞涩，不管吧，又怕他变坏。请问：该怎么办？

答：

　　我觉得你们夫妇管教孩子是必要的，但未免太紧太死，还是应该还给孩子自由，让他在和谐的氛围中得到发展。

　　伟大的教育家陶行知先生提倡对小孩解放头脑、双手、眼、嘴、空间、时间，其核心就是多给小孩一点自由。眼下，建议你们考虑以下几个方面。

　　1. 时间自由。要让小孩每天有一点自由支配的时间，不能把小孩子老是关在房子里，除了学习还是学习。若没有时间自由，其他自由则是一句空话。

　　2. 言论自由。小孩心灵清如泉，敢直言，少顾忌。要允许小孩说话，爸爸妈妈错了，也应听孩子的"逆耳之言"。应让孩子在家里"参政议政"，善其言，必明其心。

　　3. 交往自由。交往是孩子成长的生理、心理需要。切不可因"怕变坏"而因噎废食，画地为牢。

　　4. 个性自由。小孩都有自己的个性，不能除让孩子学习课本知识外，其余都予禁止。其实，没有个性，就没有发展，没有爱好，就没有创造，扼制个性，就是扼制智能的发展。

5. 劳动自由。劳动是自理自立的基础。一般来说，小孩是爱劳动的。往往是家长担心过多而使孩子失去了劳动的自由。教育孩子为社会服务，为家庭服务。就应让他们做一些力所能及的社会性和家务性的劳动。

岳明同志，你不妨实践一下，相信过一段时间，你的孩子是会得到全面发展的。

# 必须关心孩子的择友

问：

我有个儿子，今年 17 岁，暑假期间在乡下因打架事件，曾被派出所罚款 1000 元。10 月间我在食堂给他找了个工作，哪知他来后，又增加了我的精神负担。因为这孩子的一些坏习惯不能马上改掉，仍然抽香烟，晚上常跟几个人外出，11 点多钟才回家，又很讲究穿戴，今天借这个人的衣服穿，明天又换了另一个人的。他把我这当爸爸的话当耳边风，而对那些小伙伴的话却都能听进去。目前我和儿子的关系相当紧张，最使我担心的是怕他再惹出麻烦来。请你们告诉我用什么方法才能使他走上正道？谢谢。

答：

从你观察到的种种迹象看来，你的孩子似乎还没有从"打架受罚"事件中吸取到应有的教训。幸好你已有了充分的警觉，只要对情况进行认真的研究分析，采取及时而有效的措施，相信是能防患于未然，不致重蹈覆辙的。

许多教育家都谈到父母必须注意孩子的交友问题，这是你当前教育孩子的关键。

对于那些与你的孩子过从甚密特别是晚上经常一道外出、深夜不归的小伙伴，你务必要作一番调查了解。你在与他们接触的过程中，应以一个长辈的身份表示关切，不要使你的孩子感到失了面子而难堪以至对你更引起反感。等到对他们的情况有了一定认识之后，你可恳切地跟你的孩子交换意见，有的应继续保持良好的友谊，有的可逐渐疏远，极个别有明显不良影响的应及时断绝往来，但对这样的伙伴，最好先与对方的家长取得联系，在取得一致认识的前提下，采取适当的步骤。父子间交换意见的过程，应充分发扬民主，以至诚之情和通俗之理来打破僵局，让孩子懂得做父母的一片苦心。与此同时，积极为孩子选择良友。只要人家的孩子在品德方面比你的孩子强些就行，若他们在一些有益的爱好方面与你的孩子有着共同的兴趣那就更好了。要创造有利环境，让他们的友谊在和谐的气氛中自然而健康地发展。

至于孩子抽烟的习惯和穿着打扮等其他问题，俗话说得好："冰冻三尺非一日之寒"，要一下子改变是不可能的。这只能在卫生教育、审美教育或其他教育中结合进行，不宜与当前着重要解决的择友问题等量齐观，全面出击。不论场合，不管时间、地点，对孩子老是这也不好，那也不行，叨叨不休地加以指责，会使孩子丧失信心，并产生逆反心理；相反地在这段时期，你还要特别细心地发现孩子点滴的进步，及时而热情地给予鼓励和表扬，才能促使他进步。

# 怎样教好这个顽皮儿

问：

我有一个年仅13岁半的孩子，十分调皮。不爱学习，经常不回家，并出现了抽烟、扯谎、谈恋爱等行为，最近两次拿走家里的现金600多元及粮票若干。我每天除了上班就是到处找儿子。他犯了这些错误，我没打他。心想一个初中学生是懂道理的，但我的话他听不进，还说我唠叨（他父亲是个赌徒，已与我离婚）。儿子虽有各种恶习，但他有时还会体贴我，也还爱劳动。可现在已辍学，将来怎么办呢？我生活很苦，孩子又不争气，我实在痛苦万分。为了挽救这孩子，只得向您们求助，请千万别让我失望！

答：

你孩子的问题之所以发展到今天这样严重的地步，除了管教失时（即教儿应从婴孩时起）外，主要是溺爱过度，有慈而无威。教子之道的所谓"严"，倒不一定是疾言厉色，对孩子这也不准，那也不行。但是做父母的如果在孩子心目中形成了无规无矩，言而无信，行而不果的印象，老是无止无休的空洞说教，是不会取得任何实际效果的。

孩子与你还有较深厚的感情（如他有时还很体贴你），且又比较喜欢劳动，这就是教育工作中大可因势利导的契机。你应有意识地跟他常常聊聊天，拉拉家常，看看电影，逛逛公园，在其间平等地自然地交换意见，讨论问题，还可委托他帮你做些他力所能及的家务事，诸如购物、买米之类，以发挥他的能力和才干，在劳动中给予充分的信任、鼓励、尊重。这就是寓教育于日常生活之中。尽量避免生硬乏味的说教，逐渐形成一种母子间和谐融洽的气氛。

此外为了不再让孩子重蹈覆辙，你还应该采取以下几项具体措施：

1. 立即设法切断他与那些起坏影响的孩子之间的来往。未经家长允许，不得擅自在外住宿。进行这项工作时，务须先与对方家长协商，从双方孩子的利益出发，采取统一行动。

2. 对孩子的经济开支予以适当的控制，即根据实际情况，按时发给必需的生活零用，同时还要了解孩子有无其他的经济来源。

3. 鉴于孩子的年龄还未超过接受义务教育的限制，你应当力争让孩子回原校复学（必要时可向当地教育局申请），再跟学校老师密切配合，共同教育孩子。

4. 与街道组织及派出所的户籍干部取得密切联系，借助于他们的威信与力量共同教育好孩子。

5. 在充分了解情况交换意见的基础上，你应当与孩子作一番恳切严肃的谈话，必要时邀请孩子的老师或户籍干部参加，制订出一份明确具体又切实可行的民主公约。照章督促检查执行，要求无妨宽些，但一定要落实在行动上。

以上办法如果认真做到，是会取得一定成效的。

# 请帮助我教育好贪玩的弟弟

问：

我有个弟弟读四年级，很爱玩。他每天最多吃五两饭，有时一天只吃一两，身子非常虚弱。家长舍不得打他，但也从没娇惯他。

最近一个星期他很反常，老师布置的作业他不做。我问他为什么，他说："作业多，做不完。"他有时呆在家里玩，不肯上学。可我把他的作业本拿出来看，其实作业也并不多，速度快的话，一个小时就可做完。我好说歹说，他还是不做作业。

我家里的人都很气恼，但也没有什么办法，因此想请教你们，怎样才能帮助我们教育好弟弟。

答：

你的来信，字里行间都流露着对自己弟弟深切的爱护和关怀，我为你爸爸妈妈有你这样一个好孩子而感到高兴。

关于你弟弟的健康问题，看来这种情况已非一日了。一般发育正常的儿童，除非他偶然吃了过多的杂食，否则食量决不会那么小。因此，建议你和爸爸妈妈赶快把他带到医院认真检查一下，不能再这样听之任之了。

至于近来他在学习上的反常现象，显然作业多了只是借口，不是真心话。他不愿上学的原因你们还没找到，所以无论好说还是歹说，都是隔靴搔痒无济于事的。恼恨甚至责打，结果只会更糟。怎么办呢？除了劝你的爸爸妈妈与学校的老师取得密切联系相互配合进行教育外，我还有个主意，就是希望你这个做哥哥的能做个"小先生"，协助爸爸妈妈自觉地把对弟弟的辅导任务担当起来。你爱弟弟，弟弟当然也爱你，有兄弟间良好的感情基础；你和你弟弟还都是孩子，孩子与孩子之间在情感和心灵上都易于互相沟通。这是极为优越的特殊条件，如你进一步在生活、学习和游戏等方面，有意识地跟他经常打成一片，充分发展和利用这种优势，那么他的心里话，不必你去追问，他也会随时主动向你倾诉的。这样，你对他的教育帮助和影响，有时竟会产生比爸爸妈妈甚至老师更有效的奇迹。我国古代一部家庭教育专著《颜氏家训》就说："禁童子之暴谑，则师友之诚不如婢傅之指挥。"婢傅相当于今天的保姆，为什么她们在制止儿童的放肆行为方面有比"师友"的告诫还高的作用呢？不就因为她们也拥有大体上与你相似的独特的优势吗？


# 孩子表现时好时差，我无能为力怎么办


问：

我有一个 8 岁的孩子，去年刚上一年级，班主任及其他老师都经常向我反映说，他上课经常东张西望，交头接耳，作业潦草，而且骄傲自大，当老师批评他时，还强词夺理。我曾不厌其烦地给他讲道理，还讲了许多与此相关的故事给他听。他听得津津有味，频频点头，不久真的入了队，还当上了小队长，我真打心眼里感到高兴。哪知好景不长，不久他就旧病复发。每晚我带他散步时，询问他在校时的纪律情况，似乎他对自己的缺点还是有所认识的。但行动起来却是"明知故犯"。为此，我们很伤脑筋，实在无能为力了。

有人说男孩子是调皮，只要学习好，其他的毛病可以不管，我却不以为然。我认为"千里之堤毁于蚁穴"，良好的学习习惯应从小培养，可就是缺少办法。请你们予以帮助。

答：

你来信中谈到孩子的种种情况，我们认为这些问题虽然不容忽视，但毕竟还都是一般孩子的通病。别说是 8 岁的孩子，自控力还很差，就是一般成人，理智克制不住情感的现象也并不罕见。值得注意的倒是你们这种认为"实在无能为力"的消极悲观情绪。教育孩子的科学，虽然深奥，但既然是科学，就有一定的规律可循。只要肯于细心观察，反复探索，找到原因，对症下药，就没有不能解决的困难，关键在于振作精神，增强信心。我的具体建议有 4 点。

1. 要继续深入了解孩子。你说的孩子上课时，爱东张西望，都只是现象，实质问题是他究竟爱看什么，爱谈论什么，爱想什么，爱做什么？骄傲自大，强词夺理的原因何在呢？这得靠你们耐心细致地观察分析。你们常晚上带孩子散步，给孩子讲故事，这很好，但还要注意与孩子交朋友，并引导他自由地无所顾忌地主动多谈自己的情况和看法。

2. 摸清孩子到底对什么感兴趣，再设法将孩子的兴趣与学习挂起钩来，这就是"因势利导"。比如用孩子关心和感兴趣的事物做教材，循循善诱以刺激或启发他学习的兴趣因势利导地教育孩子。

3. 俗话说得好，"没有规矩不能成方圆"。在教育子女的过程中，应在民主讨论的基础上制订必要的家规公约，作为孩子的行为规范和执行奖惩的依据，一向是行之有效的好方法。特别对于"明知故犯"的孩子更有必要，关键是奖罚分明，持之以恒。要严格是对的，但严还必须有理、有度、有法。

4. 你们提出的"良好的学习习惯应从小培养"的主张我们深表赞同，特别是预习、复习、保质保量按时认真完成作业的习惯，应自入学之日起，就要认真培养，并要一贯坚持。有针对性地通过故事给孩子讲明道理的作法，应继续坚持，这是无庸置疑的。但只讲道理是不够的。俗话说，"教儿千遍不如实做一遍"；习惯的培养在于一点一滴地付诸实践，在实践中，反复强化使之成为孩子的第二天性，这是至关重要的。

# 怎样教好调皮捣蛋的孩子

问：

　　我的孩子都 12 岁了，却仍是调皮捣蛋。我们或教育或是惩罚他，但都没有效果。请问，怎样教育孩子才有效呢？

答：

　　12 岁的孩子可说是开始向往独立却又是是非观念不清的时期，因此，他对大人的话既不"唯命是从"，又缺乏独立的正确见解，往往喜欢自以为是。所以对孩子这时期的调皮捣蛋要作具体分析。有些所谓"调皮"，是这个时期孩子活泼好动的正常表现。但如当孩子的某些行为可能造成重大危险时，就要不客气地加以批评，决不能有半点的疏忽，一般最好是当面批评。因为早上发生的事到晚上孩子就忘了。批评时，家庭各成员意见要一致，即使批评错了，也可暂时保持一致，事后再交换意见，统一认识后对孩子进行教育。如果考虑孩子不易接受，可先对孩子的优点表扬后，再对孩子的错误进行批评。要注意，对孩子的教育关键在于持之以恒，时而管，时而不管，就无法取得应有的效果。对屡教不改的孩子，或当孩子屡犯同样的错误，应予以适当的惩罚，并讲明道理。

另外，交流也是教育孩子的有效方法。只有与孩子达到心灵的沟通时，孩子才可能理解父母的良苦用心。否则如果感情冲动，无休无止地对孩子批评，甚至不分青红皂白就给孩子一顿狠打，这对孩子不会有好处，教育也将失去效力。

# 如何对待"犟"孩子

问：

我的儿子3岁了，性情很倔，如果不准他干什么，他就哭闹不休，非要犟个赢不可。我们真担心这孩子将来会成个什么样。看见别人的孩子那么听话，我们很羡慕。编辑同志，您说这该怎么办？

答：

许多家长往往喜欢"听话"的乖孩子，而对"不听话"、"执拗"的淘气鬼有些厌烦。这种心情是可以理解的，但未免有点偏颇。"听话"的孩子固然容易顺大人的心，但未必都是好事，老实听话，长大后反而有可能是盲目顺从，依赖性强的平庸之辈；而那些从小就犟头倔脑的孩子，成人后可能成为有独立性和自信心，有创造性有能力的人才。美国著名心理学家利伯特曾做过这样的实验：在3～5岁的儿童中，挑选100名反抗性强的和100名几乎看不到什么反抗性的孩子，进行追踪调研直到青年时期。结果发现，在反抗性较强的100名儿童中，有85人非智力因素较强，有主见，能独立分析和解决问题；而在另100名儿童中，只有25人具备这些优点。自然，这不等于说"犟"孩子长大以后就一定有出息。他们与其他一般的孩子一样，都不是自发地就会成为有良好个性的人，关键仍然在于教育和引导。

儿童心理学告诉我们："犟"孩子一般自我意识强，好胜心强，有一定程度的韧性。如果家长善于观察和利用孩子身上蕴藏着的"闪光点"，及时诱导，孩子这种积极因素便可能发展成为良好的个性心理品质，诸如独立的性格，自信自强的气质，坚强的毅力等。如果家庭教育不当，以硬制犟，非要把孩子的"棱角"磨平不可，那可能要么使孩子懦弱胆小、迟钝拘谨，要么反而使孩子形成任性固执、遇事违抗等不良的逆反心理。为此，对待"犟"孩子重要的是因势利导，扬长避短，克服其消极的一面，发扬积极的一面。根据心理特点，在还未定型的可塑性较大的时期，讲究方法，精心培养，就可以使他们成为具有良好个性品质的人才。

当然，对孩子的"犟"不应百般顺从，对"犟"得不对的应及时进行教育或采取必要措施，使其明白这样做是不应该的。如孩子死缠着母亲不让上班，显然不能迁就。有的母亲在说服不了时，就将孩子交给家人，不管如何哭闹，毅然而去。如此数次，孩子就知道这件事是不能按自己意愿办的了。

在孩子懂事以后，家长要经常教育孩子听党的话，使孩子成为有理想、有道德、有文化、有纪律的一代新人。

# 纠正孩子任性七法

问：

我的儿子已经 7 岁了，长得聪明伶俐，但就是非常任性。稍不如意，就哭闹不休，好言哄劝不听，训斥打骂也不能收效。请问：应该怎样教育，才能纠正。

答:

为了纠正孩子的任性,培养孩子良好的行为习惯,你不妨试用以下七法:

1. 抓早,抓小。注意第一次冲突,对于孩子不合理的要求,决不迁就。

2. 对孩子提出要求之前,要考虑这个要求对他的身体、心理是否合适,有没有不尽合理的地方。

3. 要通过看图、讲故事、教儿歌等教育手段,让孩子懂得一些行为界限。

4. 用转移注意力的方法避免和孩子直接顶撞。

5. 对已懂事的孩子在冲突平息后,要和他讲道理,以免再犯。

6. 父母等长辈,对孩子的教育方法要一致,不使孩子有机可乘或不明是非。

7. 注意家庭的正确关系,不要使孩子动不动就受到责备,造成不必要的冲突。

# 决不能忽视孩子的小过失

问:

您们好。上学期我们班上发生了一件不幸的事件。A同学的一支钢笔丢了,不知为什么他竟一口咬定是B同学偷的。两人为此争吵起来,并大打出手。此后,A同学认为自己吃了亏,便蓄意伺机报复,一天,他竟用刀子刺伤B同学的腰部。

A同学一向相当调皮,学习成绩较差。家长曾一度狠抓他的学习,逼得很紧,三天两头一顿打。结果他变得很消沉,成天少言寡语,行动乖僻。这一下,把他妈妈吓坏了,连忙采取自由放任的态度,不敢再管他了。于是 A 同学故态复萌，时常惹事生非。他见无人过问，胆子便一天比一天大，渐渐变得暴戾成性，无法无天，终于酿成了这次行凶伤人。

我认为 A 同学的违法行为本来是可能避免的，只是因为家长们对孩子平时不注意防微杜渐，忽视小错误，粗暴在前，惊慌于后，放任自流所形成的。因此，我向家长和老师们呼吁：对孩子的教育，一定要从日常一点一滴的小事抓起，宽严适当，耐心细致，循循善诱。千万不可动辄以拳脚相加，致使孩子形成凡事畏惧，或横蛮凶暴的性格。

我的以上见解，是否恰当，希望得到你们的帮助。


**答：**

你反映的情况很重要，观点也十分明确。一个初中学生能够联系实际，认真思考问题，实在是难能可贵的。你的建议无疑应引起家长、老师以及一切教育工作者的重视和警惕。

教育工作无"小事"。对孩子的教育一定要从一点一滴的小事抓起。这并不否认"小事"与"大事"的区别，而是因为任何大事都是小事的不断积累，由量变导致质变而形成的。三国时期刘备在遗诏里曾谆谆告诫他的儿子阿斗道："勿以恶小而为之，勿以善小而不为。"这就是对于善恶之间辩证关系相当精辟的深刻体会。

我国古代杰出的法家人物，历来都有一个乍听起来有些令人感到奇怪的主张，就是"小过重罚"。韩非说古代殷人之法，对弃灰于道者都要施以断其手足的酷刑。法家认为大过是人所难免的，而小过则是易于避免的（只要稍加留意即可不犯），如能做到"小者不犯，则重者不来"。这就会收到"以刑弃刑"的良好效果。

与此相关联，法家主张教育宽严相济，但他们偏重了严的一面。法家的先驱春秋时郑国的大政治家子产曾把宽与严比作水与火，他说："夫火烈，民见而畏之，故鲜死焉；水懦弱，民弱而玩之，故多死焉。"意思是执法严峻比宽缓的效果要好。

由此，我认为有两点是必须明确的：一是如果小过实行重罚，则大过就势必重上加重，因此是不足取的；但是法家认为不能忽视小过的阐述，却对我们大有启发；二是以水和火比喻执法或管教上的宽严，的确生动形象，对宽而近乎溺爱的危害性，也非常切中时弊。对于特别顽劣的孩子，管教上也应严些，适当的惩罚有时也不可免，但一定得有理、有法、有度，若一味强调处罚，动辄喝斥甚至于拳脚交加，则有百害而无一益。A同学持刀伤人的凶暴行为，不只由于家长和老师平时教育上的忽视小事，不能见祸于未萌，其实还与简单粗暴的教育方式有关，这也是万万不可忽视的。

# 这决不是五元五角钱的问题

问：

　　我家隔壁，有个6岁多的女孩，经常到我家来玩，来时不是翻箱子就是拉抽屉。有一次，她将我们的一支新圆珠笔拿走了，直到她妈妈发觉督促她交还时我们才知道。隔不久，她又将我们的一个削笔刀拿走了，我们也不好向她要。殊不知，前一天晚上她到我家玩后，我们放在抽屉里的五元五角钱竟不翼而飞了。次日，这女孩的妈妈在清理孩子的衣物时发现了钱，便追问她钱从何来，她支吾其辞，说不清楚。恰好我爱人到他家串门，便走过来一看，认出是我们家丢失的钱，但不好作声，怕影响了我们彼此间的感情。

　　我爱人回家把这情况跟我讲了，我一时也拿不定主意。若说出来，后果会怎么样呢？如果不说出来，岂不害了年幼无知的小孩么？编辑同志，对此我们夫妇感到束手无策。请问，我们该怎么办？

答：

　　隔壁邻舍的孩子或自己孩子的小朋友来家里玩玩，这是常有的事。对这些小客人，一应欢迎二要教育，基本上应跟自己的孩子一样对待。这样做，相信小客人的家长是能够理解的。因为教育后一代，每个公民都有责任。

从来信来看，你们和那个孩子的父母，关系一向很好，过从较密，而且那孩子的母亲，又一向对孩子要求严格，也非常细心，从她几次处理孩子问题来看，是一位通情达理的好同志。因此，如经过反复查证核实，认定那钱确是你们丢失的，你们就应把这一情况诚恳如实地跟孩子的父母指出，目的是为了共同教育好孩子，而不是五元五角钱的小事。具体作法上，可建议那孩子的父母，对孩子耐心细致的启发、诱导，让孩子认识到自己的错误而主动坦白，千万不能恐吓甚至打骂。教育成功后，我相信你们之间的友谊将会有更进一步的发展。

# 孩子只顾自己怎么办

问：

我大哥的一个孩子只顾自己，从来也不关心他的父母，更不关心别人。我觉得这样有悖于做人的美德。我如今也快做父亲了。我希望我的小孩能关心别人、尊重别人。你说做家长的要从哪些方面来教育孩子？

答：

你有这个想法很好。

在社会生活中，只有热心助人的人才能从他人那里得到温暖和友情。在家庭生活中，会关心别人的孩子往往能使他们父母的晚年得到安慰与照顾。

怎样才能培养孩子关心他人呢？

首先要除去过强的自我意识。独生子女在家庭中得到充分照顾，常常处于中心位置。时间长了，孩子容易造成一切从我出发，并且心安理得地承受家里人对他的一切关怀。这种孩子在集体中由于很少注意他人的存在，处处自行其事，很可能招致伙伴的厌烦，不易交结朋友。基于此，长辈应努力培养孩子关心别人的好品质，比如吃饭时，爸爸尚未回来，要提醒孩子想着等爸爸回来吃饭，或给爸爸留饭菜。又比如当孩子出于对父母的爱去试图做一点事时，哪怕是仅仅倒杯水，父母都应及时予以鼓励，使孩子的这种处于萌芽状态的好品质得以巩固和发展。

其次，要经常让孩子进行一些力所能及的劳动。只有当他们对劳动有了切身体验时，他们才能领会父母照顾他们的辛苦。从而知道体谅父母，尽力帮助父母做事，为父母分忧解愁。

当然，还要十分注意父母的榜样作用：如孩子同妈妈一道乘公共汽车，遇到老奶奶，当孩子要起身让座，而妈妈却按着孩子不让起来，这样孩子也就不会以没帮助老弱病残而羞愧。

# 如何对待孩子之间的争吵

问：

我有个上小学的儿子，活泼可爱，只是在和邻家小孩一起玩时，常常争吵。有时玩游戏中就吵起来，有时两人谈得蛮亲热的，一转眼又闹得互不相让，甚至发展到要拉扯撕打的程度。我见到这种情形，就不准他们一起玩了，担心惹出祸来。可过不了多久，孩子就不安分了，悄悄又在一起玩，过一会又争吵起来。我该怎么对待这种事情呢？

答：

孩子从小应学会交友，学会互相关心互相帮助，学会处理人际关系，这是社会性的需要。不少两小无猜时期的朋友，会成为一生的知己。友情是人们不可缺少的。要鼓励孩子善于与群体相处，乐于和同龄伙伴游玩。

然而，有些孩子在一起活动时，难免出现争吵。儿童教育心理学家认为这是孩子心理发育的一种需要，并将这种争吵称为"良性争吵"。孩子们正是在这种争吵之中，通过辩解、说理、争论，了解别人，增长见识，促进思维，学会分析，运用语言，表达主见。在争吵中不仅学会了进攻的勇气、让步的涵养，而且能够获取胜利的体验、失败的教训等。

作为家长，须知孩子之间的争吵，不同于成人，他们一般不是互相抱有敌意的行为，只是彼此认识不协调的补充手段，故而既要鼓励孩子多动脑筋学会思考，学会争论，发扬"竞争意识"，尽可能战胜对方，不要自暴自弃，"甘拜下风"；又要教育孩子尊重真理，有实事求是的精神，能从别人那里吸取有益的东西，不要文过饰非，强词夺理。只要这种争吵不过分，就不要轻易地去判断谁是谁非，尽可能让孩子自己去解决问题。必要时可向孩子提出以下的问题："既然事情发生了，你们有什么办法解决呢？""这个问题怎样认识，你们再仔细考虑一下吧！"家长这样冷静而客观的态度，对孩子无疑是一种镇静剂，可以让孩子学会协调的方法，辩证的观点，处世的手段，培养同情人的品质。

但是，孩子们在争吵中如果出现了打架斗殴、损坏公物、恃强凌弱的行为和说谎、说脏话甚至辱骂的情形，家长应及时制止和劝说，对其错误言行提出批评，加以引导。

# 如何对待孩子打架

**问：**

我的宝贝儿子今年才5岁，就爱与小伙伴打架。请问，我们做家长的该如何对待他们的争端呢？谢谢。

**答：**

有的孩子只要在一起就会打架，但他们似乎仍然喜欢在一起玩耍，因此，大人不要把他们的打架看得过于严重。

如果你的孩子喜爱欺侮别人，那么每一次他与别人游戏前，你都要告诉他，你对他的行为要求是什么。你或者留在孩子近旁，防止孩子欺侮别人。有的孩子天生比他人更多攻击性行为，必须训练他的自我控制能力。

只要没有人受到伤害或被打倒，最好让孩子自己停止打架。倘若大人干预，一定要亲切、细心。必要时给予批评，然后把孩子的注意力转移到意见一致的事情上去。这样，他们会很快言归于好。

无论遇到什么恼人的事，家长也不要怂恿孩子相互伤害。必须让孩子明白，打架是荒唐、野蛮行为，后果不堪设想，不为我们今天的社会所接受。

真正的打架要坚决给予处理。

身教优于言教。如果孩子看到你教育他的方式是打人，或者你常打你的妻子，那么，你只能期望孩子学习你的榜样。

# 孩子爱打人决不是天生的

问：

我的儿子今天才 1 周岁，长得聪明伶俐，很讨人喜欢，已会叫爸爸、妈妈了。可他有个毛病，就是爱打人，爱挠人。他不"认生"，不管谁抱他，他都敢打敢挠人家的脸，和小朋友一起玩时也常常把别人打哭，但他从来不挠自己。为此事他也没少挨打，可总是改不了，和他讲，他还听不懂。为此，我们很着急，不知怎么做才好。请问怎样才能让孩子改掉这个坏毛病。

答：

根据你的来信，特提供以下几点意见给您参考：

1. 要纠正孩子的异常毛病，至关重要的是先要对孩子作耐心、细致、周密的观察了解和研究。原因找到了，问题抓准了，再对症下药，鲜有不奏效的。

拿你的孩子爱打人挠人的毛病来说，就要认真回忆一下孩子的这种毛病是什么时候开始的，并且是在什么情况下出现的。"不管谁抱他，他都敢打"，包不包括你们这孩子最熟悉的亲人（特别是他的母亲）？什么情况下这毛病犯得最凶，打亲人或打生人之间又有什么不同？凡此种种，以至其他细微末节都不可轻易放过。好在你们的孩子还只 1 周岁，活动的环境和接触的人事都比较狭窄单纯，只要肯下功夫，问题的症结，一定能找到的。

2. 要坚信孩子的这种毛病决不会是与生俱来的，主要决定于后天的环境和教育。科学研究的成果表明，婴儿出生后的第一年是脑发育最迅速的一年，动物（包括人类）刚出生后，都有个"印刻期"和发展期的关键时期。在这个时期里，动物能通过感官把第一眼看到的母亲和其他动物的行为模式印进脑子里，在一生中对其行为产生深远的影响。我有一个刚读小学一年级的外孙，跟你的小孩相似，也常有打小朋友的毛病，而且打了人以后，居然还振振有词地说："他做得不对就应该打!"其实，这正是他爸爸粗暴简单教育方式的翻版，连讲话的口气也全一样。你的孩子不是"也没少挨打"吗？可毛病还是老改不了，即使表面改了，这种"以暴易暴"的方法仍是不可取的。

3. 诚然如你所说，1周岁的孩子"和他讲，他还听不懂"。所以，这个年龄阶段的孩子，教育的主要方式方法，应该是动作行为的示范。要知道孩子虽然听不懂话，但对成人乐意和不乐意的表情已懂得了。因此，你无妨有意识地多抱孩子照照镜子，最好还买几个大布娃娃给孩子玩。当孩子与镜中小儿和布娃娃玩耍时，你们要随时留心观察孩子的动作和表情，一经发现问题，立即纠正并予示范。要让孩子从你们的点头、微笑的表情，亲切柔和的目光，热情赞许的语调，乃至爱抚拥抱和亲吻的动作行为中得到奖励和鼓舞，使其正确的动作行为得到强化；反之，也要使孩子能从你们严肃的语调、禁止的手势、愠怒的神态，甚至抱走布娃娃的果决行为中懂得其错误行为应受到坚决的制止和惩罚。如果全体家庭成员都取得默契，步调一致并持之以恒，我相信孩子的坏毛病是能逐步改正的。

# 怎样对待孩子发脾气

问:

　　我们的小儿子发起脾气来，大哭大叫，有时还在地上打滚，甚至拍打自己的脑袋。每遇到这种情况，我们真不知怎么办才好。请问，做父母的怎样对待孩子的发脾气？

答：

当孩子的愿望难以实现或遇到不顺心的事情时，是会生气的，有时也会向父母发脾气。

做父母的应注意观察孩子发脾气的次数和规律，以便找出正确的管教方法。孩子如果偶尔发一两次脾气，那他一定是遇到不顺心的事。如果孩子发脾气有一定的规律，每天晚上都哭闹一两次，就说明孩子可能是白天玩得过度疲劳或是有一些慢性病。如果孩子动不动就发脾气，主要是由于父母没有一套管教孩子的正确方法。有些做父母的，在孩子发脾气时，不去正确说服教育，而是严厉地对待、打骂或吓唬孩子，以此来制止孩子发脾气。其实，时间一久，孩子也就习以为常，方法也就不灵了。

在孩子发脾气时，父母不要躲开孩子，应当耐心帮助小宝宝平息情绪。但是，父母不要妥协，让孩子放任自流，自行其事，否则他总爱故意发脾气。正确的办法是，把孩子的注意力引开，在孩子息怒后，父母可以和孩子一起做一件有趣的事情，并拥抱亲吻他，表示友好。

有的孩子当着客人的面发脾气，做父母的十分尴尬，但不要表现出生气的样子，应强做笑脸，然后把孩子带到无人的地方去，这样有助于孩子平息情绪。

有的孩子大发脾气时，会出现大汗淋漓，脸色发青，甚至很快失去知觉，若这样，做父母的应特别注意。孩子经常发脾气，会形成暴躁的性格。因此，应使孩子少发或不发脾气，帮助孩子提高控制自己和转移感情的能力。

# 如何对待孩子的回嘴

问：

我的独生女儿有个不好的习惯，喜欢回嘴，常常惹得大家都不愉快。

*请问，如何对待孩子的回嘴？*

**答：**

处在青少年时期的孩子，他们的"自我意识"逐渐增强。此时，孩子已显示出一定的评价别人与自我评价的能力，有一定的独立性，流露出一种"成人感"。这正是少年自我意识的一个重要特点，是孩子个性发展的转折点。孩子的"回嘴"，正是他们"自我意识"的外在表现，是一种正常的生理反应，而不是什么失礼行为。人的成长都经过这一过程。

明白了这一点，就会谅解孩子，正确引导，使孩子的个性得到健康的发展。当孩子回嘴在理时，要给予肯定、鼓励，提醒他应该注意时间、地点、场合、态度等。当孩子回嘴无理时，要指出无理的原因，从而帮助孩子提高自我评价的能力。总之，对孩子的回嘴，不应训斥打骂，而要具体分析，循循善诱。

# 孩子为什么要说谎

**问：**

我的孩子现已读初中。他在小学四年级以后就开始说谎。有时谎报成绩，有时骗索钱物。请问为什么孩子爱说谎呢？

**答：**

从心理角度分析，孩子说谎有如下几个方面的原因：

1. 习惯性说谎。这类说谎大多是由于家长不注意实事求是地称赞孩子造成的。如当孩子耍小聪明欺骗了人时，有的家长还不恰当地加以称赞："真机灵，有智谋。"聪敏的孩子一听话中并无责备之意，反有赞赏之心，因而形成错觉。类似这样的事屡屡经历之后，潜移默化，孩子就不会将说谎当一回事，反而觉得说谎是聪明，有本事。

2. 模仿性说谎。家长的一言一行，一举一动，孩子都会看在眼里，不知不觉加以模仿。如有的大人为了私事，明明身体无恙却装病请假；邻居来借用东西，母亲不愿借，谎称找不到，等等。这类事都极易在孩子幼小的心灵里播下说谎的种子。另外大人对孩子许下的诺言总是兑现不了，天长日久，孩子就认为爸爸妈妈可以撒谎，自己为什么不可以。

3. 无意识说谎。这一现象与儿童的年龄特征有关。不少孩子由于生理心理的限制，对事物感知不深，理解不清，记忆不牢，表达不确，常会把这件事与另一件事混淆，以致说出类似的谎话："妈妈上星期日给你买了几本娃娃书？""三本。"其实是两本。随着年龄增长，这种混混沌沌的现象是会逐渐消失的。

4. 想像造成的说谎。想像力丰富的孩子也常常"说谎"。一些在成年人看来似乎荒诞不经、不足为信的事情，儿童却实心实意地信以真，他们还常凭自己的幻想臆造出一些虚妄之言。一个孩子可能这样说："我没有把房间搞得乱七八糟，是一个穿绿衣裳的大妖怪搞的。"对于孩子的这种"谎"只能作为一个异想天开的故事来听。无数对儿童有重要启蒙意义的寓言童话，便是以它为基础的，正是它编织了奇妙的儿童世界。对此，做家长的不可追究，否则，会损害孩子的想像力，毁灭孩子智慧的火花。

5. 应急的谎话。有许多小孩说谎，都是为了逃避大人的惩罚，或者是被大人逼出来的。这类孩子往往有这样的经验：说真话轻则受责备，重则要挨打挨骂，说谎却能避"祸"。因此，闯祸或犯下过错之后就通过说谎来掩盖，以免皮肉受苦。英国心理学家基纳特曾指出："说谎是说真话遭到训斥的孩子在心理上解脱自己的避难所。"可见儿童的这类说谎与父母的管教是否得当，有着十分重要的关系。

6. 自卑性说谎。儿童由于自卑心理也会说谎，在班级里被老师同学歧视为"呆子"的学生，在回答一个极其简单的问题时，尽管他已经会了，有时也会佯装不懂，这是对自己缺乏自信的表现。这一现象往往是家长或师长动辄斥责孩子，长期轻视冷落孩子所造成的恶果。

7. 虚荣性撒谎。有些孩子说谎是为了赢得别人的赞美，或者是为了维护自己的尊严。考试成绩明明是 60 几分，当亲友问起时却说考了 80 几分。听见同学说家中买了电冰箱，就谎称自己家中也有了电冰箱，而且还有彩电。目的是想借此引起别人的重视，怕人小看了自己。

面对孩子的说谎，家长要积极研究孩子的心理状况，区别对待。既不可大意，也不可简单从事。

# 孩子撒谎父母该怎么办

问：

我有个孙子，只有 4 岁，就学会了撒谎。有一次，他把邻居一个小朋友的玩具弄坏了，不仅不承认是自己弄坏的，还诬说是别的小朋友搞的。打他骂他都不改，真不晓得该怎么治法？

答：

孩子由学着撒谎到爱撒谎，有个教育不及时的问题。应该说，在孩子没有撒谎的表现时，就要进行诚实品德的教育；当发现孩子第一次撒谎时，更要立即抓紧教育，使这种不良品行消灭于萌芽状态之中。你的孙子已经学会了撒谎，这就更要加强教育了。

所谓加强教育，并非打骂。他若因撒谎而挨了打，以后他会逃避父母的监督，行为隐蔽，甚至报复"告状"的小朋友，产生同父母对抗的心理。所以发现孩子撒谎时，家长不要怒火万丈，大发雷霆，而要控制自己，倾听孩子的陈述，了解真情，然后给他指出，一个人如果撒了谎，以后就没有人再相信他的话了。可以给他讲幼儿园语言教材上有的《狼来了》的故事，让他知道撒谎的害处，同时讲一些诚实孩子的故事，从正面启发引导。

要诱导孩子自己承认撒谎的错误，孩子认了错，就不要责骂，否则孩子以后不敢说实话了。你的孙子经教育认了错以后，可带着他向对方小朋友道歉，消除他心理上不愉快的压力。如果孩子不认错，经过了解清楚后，应严肃指出他撒谎，并可给予适当的惩罚。

孩子撒谎，父母切不可包庇。个别父母欣赏孩子的撒谎，称赞孩子这种行为是"机灵"，那就更留下后患了。当然，最重要的是父母的一言一行要给孩子树立诚实的榜样，即使平时对孩子的许愿，也都要说话算数。有些孩子撒谎，就是在家里父母不在意时学会的。可真是"教育无小事"呵！

问：

我的孩子也爱撒谎。我和我爱人劝说过他，有时还训斥和打骂过他，可都不见好转。我们该怎样对待孩子的这个问题呢？

答：

3～5 岁的孩子常说一些不符实的话，这是正常的，符合孩子身心发展的规律。父母不必为此惊慌和不安，可以对孩子进行正面引导，而不要指责其不诚实。

孩子到了 7～8 岁，应该懂得撒谎是错误的。父母对此不可掉以轻心。父母应该告诉孩子，撒谎是个很不好的毛病，撒谎的孩子不是好孩子，几乎同偷东西和害别人一样坏。父母对于一个刚刚撒完谎的孩子，在进行教育前，不要向孩子作任何许诺。例如，"只要你说实话，我就饶了你。"这样容易使孩子产生误解。父母应该让孩子懂得，说谎是要受到惩罚的。

一般爱说谎的孩子在说事情时往往带有某种规律，他们的谎话大多存在着矛盾。有的孩子明明知道自己做错了事，为了掩盖过错而撒谎。这也许是父母平时要求过严，致使孩子用撒谎的办法来解脱自己。这就要求父母平时多关心爱护孩子，孩子错了，多讲道理而不是过分指责。有的孩子喜欢言过其实地表明自己，用撒谎来弥补自己的不足。这就要求父母多理解孩子，帮助孩子树立自信心。有的孩子爱说一些恶意性的谎言，自己犯了错误却推给别人，让别人蒙受不白之冤。这种孩子缺乏正常人的诚实和勇气，应特别认真对待，抓紧教育。

当然，大人的榜样更是十分重要的。父母自身不诚实，孩子就很难不撒谎。

# 孩子爱惹事生非怎么办

问：

我和丈夫都是忠厚老实人，不知怎的，我们那 14 岁的独生子却与我们不一样。他性情粗暴，总爱惹事生非，常常有人上门来告状。我们真不知把他怎么办才好。

答：

心理学上把人的气质分为若干类型，从你信中谈的简单情况看，你的孩子可能属于胆汁质的气质类型。这种孩子的情绪兴奋快而强，明显地表现在语言、运动、面部和手势上；行动迅速有力，但不平衡，常常倾向于风暴式的情绪爆发，心境变化剧烈等。心理学研究表明，各种气质类型的孩子，如果教育得当，都可以成为品学兼优的人才。你的孩子主要是要培养他的自制力。

"惹事"，要看什么事。如果他是维护正义而和坏人进行斗争，"路见不平挺身而出"，这正是他富有正义感的勇敢行为，应予肯定；但如果不分是非，在外寻衅闹事，则是不可取的。家长对孩子的正确行为应及时表扬，而对其错误行为应予诚恳的规劝，教育他不要莽撞，使他认识到控制情绪的重要性，使这种气质不要往消极方面发展。

美国杜克大学的洛克曼博士认为，爱寻衅闹事的孩子往往有自己的社会目标，重要的是帮助他们找到更有利的途径去实现他们的社会目标，不是去惹事生非。也就是说，惹事生非会把事情弄得更坏。

有的人主张在增强孩子自我意识的同时，和孩子一起商讨订一套家庭规范，明确什么行为可以，什么行为不可以，一旦违反将如何处置，使孩子有规矩可遵循，帮助他们发展自控能力。

# 怎样对待学校老师的"告状"

问：

　　我们单位职工的孩子不少在附近同一所学校读书，据说这是本市的一所三类学校。教师从不家访，学校有什么事，孩子在学校出了什么问题，都是老师要学生捎个条子回来，限令家长什么时候去学校。老师一见到家长，大多是告孩子的状。老师不敢打孩子，看样子是希望家长对孩子狠揍一顿，以配合老师教育。这样做对不对？

答：

　　你所反映的情况，有的学校确实存在。在50～60年代，教师很少"召见"家长到校个别"听训",而是深入走访学生家庭，教育工作做得细，教育效果好。现在有些老师，平时疏于走访，很少和家长联系，一旦学生成绩下降，或者出了问题，就急忙"召见"家长"告状"，甚至发家长的脾气，这是不对的。既有损人民教师作为"辛勤园丁"的形象，又不利于与家长沟通共同配合教育好下一代。

依我之见，学校老师如果邀请家长去学校，家长还是应该去。在平心静气地听了老师的叙述以后，可将孩子的性格特点、在家表现，如实地向老师反映，帮助老师全面了解孩子，并且诚恳地请老师严加管教，可提出一些共同配合教育的措施与建议，同老师商量。

对老师谈的情况，在孩子回家以后应详细询问，引导孩子说实话、谈真情，弄清孩子的想法和问题的症结，帮助孩子分析自己的错误及其原因与危害，启发孩子理解老师的心情，指出老师是关心和爱护他们，希望他们上进，切忌在孩子面前议论老师不对之处。须知老师虽然生气，但只要孩子认识改正错误，老师会高兴的。家长也可把孩子改正错误的决心和点滴进步表现转告老师，使老师对孩子不抱成见，增强老师教好孩子的信心，密切师生之间的关系。

家长听了老师"告状"，切不可不问青红皂白，火冒三丈，把孩子揍一顿。这样虽然出了气，但完全不是"配合"教育，而只能使师生矛盾加深，同时也伤害了自己与孩子的感情。家长与学校搞"统一战线"对学生进行压制，容易使学生产生逆反心理而抗拒教育，甚至会使其感到走投无路而走上邪路。

# 孩子吃了亏怎么办

问：

我是幼儿园的教师。有的家长深怕自己的孩子在幼儿园吃了亏，把孩子一接出，在路上就迫不及待地问"有没有哪个欺负你"，有的还说："小英打你，你不晓得打她？打不赢，咬也要咬她几口！"大人这样教，小孩就难管。我们该怎样劝告这些家长？

答：

教育好幼儿，特别是培养幼儿良好的品德行为，确实是需要家长的密切配合与同步进行。

其实，家长像你说的那样教自己的孩子，并不会使自己的孩子成为真正的"强者"，只会培养孩子学狠，动拳动脚，恃强凌弱的坏习气，不会讲道理，不会以理服人。明智的家长应教育孩子从小学会跟小朋友友好相处，学会尊重别的小朋友，互相忍让。大家都这样教育孩子，孩子们就容易团结，亲密无间，长大了才会善于处理人际关系。父母不要怕孩子吃亏，有时，孩子吃点亏也无妨。

为父母者都疼爱自己的儿女，人们都赞扬父爱母爱的无私、伟大，但是，父爱母爱是广义的无私才称得上伟大。如果为了护子而教子逞强，就会给孩子心灵上蒙上自私的影子。家长在任何时候，都要教育自己的孩子爱别人、爱朋友、爱同伴，爱得广一些，将来才有可能爱祖国、爱人民。家长随时要言传身教，使孩子明白富于同情心，有礼貌，懂得谦让是一种美德，不要为一点小事寸步不让，变成没有修养的狭隘小人。

即使孩子从幼儿园带着伤回家，家长也不要轻信孩子的一面之词，要先弄清自己的孩子有什么错，问问他是不是也伤了别人，先批评自己的孩子并教育他与那个孩子言归于好，也可以和那个孩子的家长见见面，共同教育好子女。

你在工作中如遇到在这方面处理得好的家长，可以在家长会上进行表扬，促进这种好风气的形成。

# 当孩子提出无理要求时怎么办

问：

我家野野，3 岁，其他方面都好，就是爱提一些无理要求。若不满足，就哭闹不休。说教和体罚对他都无济于事。你看如何是好？

答：

孩子难免有这种情况，这也是孩子的一种心理需求。明知是无理要求，当然不可答应。否则，不利于孩子的健康成长。

有人摸索出用"打岔"的办法来对待孩子的无理要求，效果不错，你不妨一试。

所谓打岔，就是大人有意通过转移话题、情境等来改变孩子对某一事物的注意力。孩子的心理活动极不稳定，容易受外界事物的干扰而改变。比如当孩子在街上吵着要买某一玩具，而这玩具明明家里有时，或者不适合孩子玩，就可以对他说："咱们再走走看，可能会有比这更好的玩具。"一边走，一边讲他最感兴趣的事，孩子的注意力就会发生变化，他可能不再要玩具，而只想得到某本连环画了。

要想成功地运用"打岔"的办法，当然先得对孩子的兴趣和爱好了如指掌。不然，他不会听你的。

# 孩子出走的原因和兆头

问：

前一时期我们院子里有几个 14~15 岁的孩子私下结伴，离家外出，按他们的说法是到外地"串一串，走一走，闯一闯"，并各自给家长留纸条，上写着："爸爸、妈妈不要着急，不需找我，过一段时间我会回来的。"弄得家长们四处寻找，焦急万分。怎样才能有效地防止孩子们这种外出行动，特寄函请教，希望能得到你们的帮助。

答：

为了防止这些年纪轻轻的孩子弃学"出走"，重要的是要找出他们外出的原因，有的放矢地进行教育，防患于未然。一般说来，孩子们的行动总是有原因和兆头的。

1. 学习跟不上，经常被"留校"，老师一拖就是几小时，并且不给好脸色。这些孩子饭吃不上，回家又怕挨打受骂，精神压力大。

2. 考试成绩不及格，怕留级，怕同学们看不起，怕回家受气。

3. 对学习无兴趣，学不会，也记不住，文章写不通，作业完成不了，所以一遇学习就头痛，一上课就睡觉。

4. 得不到老师、家长的关心和温暖，在校受批评，回家挨打骂，看不到自己的闪光点，总觉得自己一无是处。

5. 家庭的经济较宽裕，孩子经常向家长要钱，而且随要随给。有的孩子个人有较多的积蓄，或者有可变卖的物品。

6. 由于平时娇生惯养，孩子想干什么就干什么，家长对孩子的事采取不闻不问的态度。

7. 经常三五成群，形影不离，吃吃喝喝，讲吃讲穿，自吹自擂，对学习成绩不好满不在乎。

8. 爱看武打电视、录相，喜作武打动作，常作"少林"之梦，羡慕"武当"之功。

当然，还有其他种种征兆，不能一一列举。做家长的，如能及时进行疏导，耐心帮助教育，孩子们的"外出"现象，是可以得到防止的。

# 怎样淡化孩子的金钱欲

问：

古话说：由奢入俭难，由俭入奢易。我非常耽心我刚进中学的独生孩子，他无休止地要零花钱，和同学们比阔气，有时还逃学在外游玩。我虽然不断教育指责，但孩子妈总是尽量迁就，为此，家庭常常闹矛盾，请问，我该怎么办？

答：

我支持你的看法，建议你和你爱人耐心商量，共同注意对孩子的教育。这里只说一点：要淡化孩子的金钱欲。

1. 要对孩子进行传统教育，使孩子了解只有学到更多的知识，具备了才能，理想才能成为现实。尽管目前没文化也能成为万元户，但是从长远看，文化知识仍然是建设社会主义祖国所必需的。你要想方设法启发孩子的学习兴趣，鼓励孩子安心学习，对孩子的厌学逃学现象，要及时找出原因加以解决。

2. 引导孩子正确对待钱。因为不可能不让孩子接触商品和金钱，所以关键是如何引导。如不随便给孩子太多的零用钱，或对孩子进行正面教育，对社会上的一些不合理现象尽可能地做出解释，说明钱不能决定一切。还可以支持孩子搞小储蓄，把零花钱派上合适用场，以防孩子被金钱所腐蚀。

3. 不要让孩子生活得过于安逸，因为过度追求享受的结果只能使孩子丧失进取精神。要不断地对孩子进行艰苦奋斗的教育，尽可能地使孩子生活粗放些，以启迪孩子的事业心和成就感、荣誉感，以此来吸引孩子。

4. 注重言传身教。孩子的不良行为常常是受了家长的影响，所以做家长的要避免在家中赌博、打麻将，杜绝消极行为对孩子的影响。

# 怎样处理好孩子的"压岁钱"

问：

春节前夕，尽管有人一再呼吁"压岁钱"应降降"温"。但，今年春节期间，一些孩子的"收获"仍不小，少则十几元，多则上百元。请问，孩子得了这么多的"压岁钱"，父母应该怎么办才好？希望听到你们的意见。

答：

据了解，父母对孩子的"压岁钱"一般有三种处置办法：

1. "大甩手"。有的父母认为"压岁钱"是孩子自己"挣"来的，应有"自主权"。为图省心，当了"甩手掌柜"。殊不知，孩子小小年纪，兜里装着那么多的钱，都能花得恰到好处吗？有的孩子用"压岁钱"去小摊儿买零食吃或借内容不健康的书看；有的男孩子买烟抽；更有甚者，参与赌博。这样不利于从小培养孩子勤俭节约的好品德、好思想，也有碍于他们身心健康发展。此法是不可取的。

2. 让孩子"转让"。父母怕孩子把"压岁钱"弄丢了或乱花，所以，让其将一部分或全部"压岁钱""转让"出来，收归家庭所有。孩子一时想不通，不那么情愿，这就需要费一番口舌。有的还打骂孩子，强迫交出，使孩子由喜转悲，扫了孩子节日之兴。此种办法也是不可取的。

3. 带孩子把"压岁钱"存入银行。父母首先向孩子讲明：他们的"压岁钱"当父母的一分也不要，使他们彻底解除顾虑，然后，带孩子把"压岁钱"存入银行。并教育孩子在物质享受上莫与同学、朋友相互攀比，不要羡慕别人的穿戴。让孩子建立一本流水账，把每次支取和花出的钱一一记上。在满足孩子合理消费要求的基础上，教育孩子要有节制地花钱。父母应经常检查和过问，如发现不当的花费，可及时指出，让他们像雷锋那样，从小养成勤俭节约的好习惯。我认为此法可行，作为家长不妨一试。

# 怎样让孩子过好生日

问：

我可爱的女儿生日快到了，她早已在等着过生日这一天。我看到不少家长为孩子过生日搞得铺张浪费，我觉得不太好，但又不知怎样才能避免铺张而又过得有意义？请你帮助出个主意。

答：

孩子总把过生日看得和过节一样高兴，老早就盼望这一天的到来。但由于种种原因，有的家长给孩子过生日或请客纳礼，大肆铺张；或声息不闻，使孩子郁郁不乐。由此，我想到，孩子从生下之日到结婚成人，由父母操持的生日不下二十个，做父母的如何想方设法让孩子的生日过得既不铺张而又愉快有趣呢？你信中没谈你孩子过几岁生日，因此我这里只谈几点意见，供你能分几个年龄段参考。

2～3 岁以内的孩子过生日，做父母的不妨亲手为孩子摄一张相片作为永久的纪念；妈妈可为孩子编织一件毛衣，或缝制一套衣服。这些自己的作品远比买的或别人送的礼物贵重百倍。在生日这一天，把孩子的身高、体重测定一下，日后看来也挺有意思。当然买个玩具、买点糖果，也不可少。

6 岁以内的孩子智力发展很快，好奇心强，有一定的接受能力。这个阶段孩子的生日内容应该广泛一些。可带孩子去看一次儿童美展，或去看音乐舞蹈，以增强孩子对艺术的欣赏能力；也可带孩子去爬山，以增强其体魄与胆识，引导孩子热爱大自然。值得注意的是，生日里的活动最好有别于平时的游玩，尽量带孩子做一些平时没有做过的活动，以加深印象，给孩子和父母都留下美好的回忆。

7 岁以后的孩子上学了。这一年龄段的孩子过生日最好有别于学龄前儿童。你不妨为孩子买一本小学生字典或汉语拼音手册，促进孩子的学习；也可以要求孩子在生日那天帮爸爸妈妈做一些力所能及的劳动；或者让孩子带上礼物去看望爷爷奶奶，增进孩子与老人的感情。

孩子上中学后，独立性强，遇事喜欢发表自己的意见。这个阶段的孩子过生日，做父母的不一定按自己的意志操办，最好征求孩子的意见，听听他的打算。你也可以帮助孩子出些主意。

# 教育孩子做文明礼貌的小客人

问：

逢年过节，我们常带小孩走亲访友。由于孩子平时在家比较娇惯，嘴很贪吃，因此在走访中常使主人感到不快。我们有心纠正孩子的不良习惯，但教育时应注意什么？很想得到你们的赐教。

答：

怎样教孩子做一个文明礼貌的小客人，请你注意以下几方面：

1. 带孩子做客之前，应先向孩子介绍主人家的成员，使孩子知道该怎样称呼，养成礼貌待人的好习惯。

2. 在主人家，应处处给孩子做表率，说话举止要端庄大方。如节日带有礼品，可让小孩送给主人家的孩子，使他们懂得谦让，并很快消除陌生感，使其融洽，成为好朋友。

3. 主人家招待的糖果点心，要经家长同意后，小孩方可接受，不要让孩子自己随便拿取。大人在交谈时，可安排小伙伴们看点小人书或干点别的什么有益的事，使他对做客感到有趣和高兴。

4. 在主人家吃饭，要提醒孩子不能挑食，不要趴在桌上到处夹菜，可准备一个小盘，由家长酌情给孩子夹取。

5. 做客时，要提醒孩子将在主人家看过的图书，玩过的玩具整理好，主人家的东西决不能顺手牵羊随便带走，主人如送礼物，要经家长同意后才能收下，并要向主人致谢。

愿您带孩子做客愉快！


# 怎样引导孩子进入"书的世界"


问：

常听人说孩子一旦与书交上朋友，那就比较好教育了。事实也的确如此。我看到许多好孩子都有个共同特点，就是看书像着了迷似的。可我的男孩子强强现在已读小学三年级，还是成天一放学就到处"野"，与街上的孩子一起疯逗打闹，老师布置的作业也是敷衍了事。请问如何才能把孩子引入书的世界里与书交上朋友呢？

答:

我十分赞同你的看法,其实如果孩子从儿童时期就与书交上朋友,养成喜爱阅读的好习惯,那不仅是好带多了,而且他终生将获益匪浅。根据我的体会,引导孩子走入"书的世界"的方法,归纳起来大约有以下六点:

1. 多带孩子上图书馆。建议学校老师能经常适当地布置一些必须利用看图书馆资料才能完成的作业;家长也尽可能常带孩子到图书馆寻找日常生活中碰到的各种有关疑难问题的解答,让孩子从小就养成"一有问题就上图书馆寻找答案"的习惯。长此以往,孩子就会懂得了从书本中可以获得知识,解决困难,得到乐趣。这样他就会乐意接近书本,从而逐步养成自觉阅读的良好习惯。

2. 多讲故事给孩子听,世界上没有不爱听故事的孩子。讲故事本身就是把我们打算教育孩子的内容寓于故事里的那种曲折、生动、有趣的情节之中,而且讲述的过程也是对儿童进行口语训练和文学熏陶的好方法。好听的故事,会给儿童插上想像的翅膀,激起他们对故事情境无穷无尽的幻想,以及对故事情节作逐步深入的探究。这时你应当亲切地告诉孩子,这故事是从哪本书里看到的,而且还有许多好故事都在哪些书里,他应当学着自己去读这些书。

在国外的儿童图书馆就经常举办"讲故事时间"的活动,为儿童介绍新书或馆内藏书。通常都得到孩子们热烈的响应,借书率大大增加。这就与好电影或精彩的电视连续剧上演,会带动原著风行是同样的道理。

3. 选购制作精良的故事录音带或儿童文学录像带。在美国有许多"儿童文学视

听套装"出售，因为有的孩子喜欢看书，有的孩子喜欢看录像，所以出版商提供多种媒介功能来吸引孩子的兴趣。和听故事一样，只要媒介内容制作精良，多能引起孩子阅读原书的兴趣。

4. 为孩子安排一个看书的环境。有机会的话，家长可多带孩子去看书展、画展，逛书店，家中也常有新书好书出现，让孩子几乎随手可得，而且经常和孩子讨论读后的感想，建立起阅读的良好气氛。这样就能培养孩子阅读的兴趣了。

5. 要注意培养孩子的阅读能力。这里主要指的是熟悉汉语拼音及查阅字典的能力。具备了这种能力，孩子就能自己去克服学习中的困难，从而提高阅读的兴趣了。

6. 注意父母的表率作用。这是至关重要的问题。凡是父母有经常读书看报习惯的家庭，儿童的阅读习惯就比较容易养成。因为父母的行动就是无声的语言，这种潜移默化作用是无可比拟的。反之如果父母见书不观，业余的时间只知道吃喝玩乐，抽烟打麻将，儿童的阅读兴趣和习惯就很难培养起来。

# 孩子相信"看手相"怎么办

问：

我的女儿是个初中学生，不知怎么的，她竟相信"看手相"之类的迷信活动，我明知不对，可我却没法说服她。你看如何办才好？

答：

读了你的信，使我想起了"伟大的埃及占卜家萨巴卡"的自白。你不妨把这位占卜者的话，说给她听，或许会有帮助。

"多年来我一直为别人占卜算命，我的巨大广告上写着'伟大的埃及占卜家：萨巴卡'。我盘着双腿坐在离香炉不远的丝绸垫子上。我装模作样地大声用他人听不懂的语言唱起经来。

"我既不知道来者将会遇到什么事，也不清楚来者过去的所作所为。但我能猜，猜就是我的真正功夫所在。从顾客一进门，我就仔细观察他的走路姿势、穿着打扮、举止行为、气质风度，从手的纹理大致可以知道他是否从事手工劳动。尤其是面部表情最能反映人的内心世界，眼神最能表达同意或反对，反映恐惧或满足。

"我会告诉顾客他的手非常独特，这会使他飘飘然并且还会不自觉地告诉我更多的关于他自己的事情。然后，我再以不同的方式把他的话重新给他叙述一遍。

"占卜家还运用一种'强调指点'法的技巧。我亦然。我先说一句话，然后，根据顾客对此话作出的反应再适当地夸大或否定。比如：我想知道一位姑娘的男朋友是好是坏，我就直盯着她，同时说道：'你有一位不好的——'如果她的表情提示否定，我马上随机应变'不——一个不错的男朋友。你一位朋友的男友不好'。如果她此刻看上去很高兴，我就再从好的方面添油加醋地发挥一番。"

试试看吧，朋友。

# 子女对父母的爱护关怀应做出积极反应

问一：

我是一个中学生，父母对我的成绩很关心。小学时，我也是在戒尺上长大的，不过进了中学父母就很少打我了。父母对我平时的学习漠不关心，而考试一结束，他们就问我成绩。当知道我没考好，便硬要我每天抄一面字，一页英语，我感到非常痛苦，心里有一股发泄不出来的气。编辑叔叔、阿姨们，我该怎么办呢？

问二：

我是一个 17 岁的农村姑娘，现在一件恼人的心事急需得到你们的帮助：我出生后还不到半岁，爸妈就把我送给外婆抚养。到十多岁时，爸妈对外婆说，我可以回家帮着做点事了。就把我领了回来。刚回家的那一年对我还关心，可是后来，由于我要小学毕业了，功课很忙，有些家务干不了，他们就对我另眼看待了，不是打就是骂，甚至说"你给我滚，我们养不了你！"现在我是有家无处归。我真恨我的父母为什么要生我！我该怎么办啊？请帮帮我吧！

答：

尽管你们的情况不完全相同，但你们当前都面临着一个如何与父母增进了解，改善关系的问题。

一般来说，一个幸福美满的家庭，父母与子女之间都有着亲密、真挚、纯朴、深厚的爱并洋溢着一种融洽和谐的气氛。这种爱的滋生与气氛的形成，首先当然应是父母的主动倡导和培养。另一方面，子女感受到父母爱抚时所作出的积极反应，更加深了父母子女之间的爱与融洽和谐气氛的形成。由此看来，建设一个美满的家庭，子女的一方也有着不可忽视的责任。你们都已是懂事的孩子了，应该把这份责任自觉地主动地担当起来。

具体的作法是，首先对目前的情况应有正确的分析认识。后者的情况是比较特殊的，因你还不到半岁时就由外婆抚养，故你与父母之间缺少了一段婴幼儿至儿童时期爱的相互交流的基础，要建立这个基础自然需要一段时期双方有意识的努力。你不是说刚回家的那一年，父母对你是很关心的吗？那就是父母方面主动作出的爱抚。你应回想一下，自己是否也曾有意识地作出相应的积极反应？你们的矛盾发展到了今天这样的地步，父母方面当然有不可推卸的责任，但作为子女的一方，也应在自己的行为方面自觉地作些反省和检查，你说对吗？

前者的情况就简单得多，你从小就是在父母的关怀爱抚下长大的，尽管母亲的唠叨和爸爸的戒尺令你烦怨，但那只是方式方法上的不当而已，一般还是容易解决的。

其次，你们要变消极为积极，化被动为主动。所谓变消极为积极，简而言之即对于父母的爱护关怀，不应只是消极的承受，而是及时地作出积极反应，促使双方的良好关系不断发展。同时也使相互之间的误会与隔阂及时疏通或逐渐消除，而不致继续恶化。比如功课的负担比较重时，应该一方面寻找适当时机，委婉地向父母畅叙心曲；另一方面也应在力所能及的范围内帮助父母多少做一点家务事，这才易于取得父母的谅解，较快地打破眼前这种僵局。还有一种最聪明的作法，是把父母亲对自己学习督促方面不太妥善的情况向老师反映，请老师出面做点工作就能生效了。所谓要变被动为主动，这就是要求做子女的不能只单方面要求父母的关心照顾，也应主动关心父母的生活和工作情况，乃至性格的特点和爱好，尽量使自己的言行给父母带来愉快和满足。这不只限于日常的嘘寒问暖，端茶送水，更重要的是要了解父母对自己最迫切的期望和要求，诸如学习交友的情况和前途打算等等，并主动地向父母汇报和交换意见，让父母感到安心、放心。以上意见，你们无妨认真地尝试一下。


# 孩子卷入父母冲突好不好


问：

夫妻之间难免发生争吵，可我妻子动不动就让孩子卷进来，不是要他评理，就是让他判定谁是谁非，最近还把孩子带走。这样做好吗？会给孩子造成什么影响？

答：

在家庭生活中，夫妻之间确实难免发生分歧甚至争执。在这种情况面前，让小孩来评理，当裁判，确实没有必要也没有好处。

夫妻之间闹矛盾，孩子已经是直接受害者了。君不见，当父母横眉竖眼大声争吵或动武时，孩子常被吓得胆战心惊，吃不好，睡不安，心理上要承受很大的压力，在纯洁的心灵上蒙上了阴影。如果再把他们拉入冲突中去，更让他们无所适从。他们思想单纯，对父母之间的矛盾缺乏是非观念，根本判定不出谁是谁非，让他们表态，实在情理不通。此其一。其二，父母都是他们最亲的人，站在一方反对或责备另一方，也是他们无法"胜任"的。即使是某一方真的错了，也不宜让儿童过早地干预，倒是应该让他们回避。因为，父母的威信是家庭教育成功的重要条件。

夫妻间生气拿孩子出气的做法，对孩子的心灵摧残最大。这不仅会引

起孩子对父母的不满、怨恨，造成父子或母子间的隔阂，由于无缘无故地挨打受骂，还会使孩子感到委屈，认为大人不讲理、不公平，从而引起儿童心理上的种种障碍，出现偏执、冷漠，甚至乖僻，严重危害儿童的身心健康。

希望你在你们心平气和的时候，好好同你妻子谈谈，不要让孩子卷入夫妻冲突中。

# 爸爸嗜赌　家无宁日

问：

我是贵报一个忠实的农村读者。近些时来，我们家乡经常有人聚赌。我爸爸原是个十分和蔼、通情达理的人，可现在他由于迷恋赌场，已变得性情粗暴、喜怒无常。他几乎天天都要赌到凌晨两三点钟甚至天亮才回家，至今已先后输了二千多元。由于输钱，他烟瘾、酒量越来越大，脾气也越来越坏，身体日见瘦弱。每当看到他从赌场回来时那副昏昏沉沉、呆若木鸡的样子，心里真是又恨又怜。我试用过各种办法，想使他回心转意，可总是招来他的谩骂。许多次我都想同爸爸谈谈心，但一看到他那副冷森森的面孔，我就没有勇气了。我真希望爸爸能改过自新，彻底戒赌，使我们的家庭恢复和谐和幸福。然而，我又感到实在无能为力。万难中，我想起了你们。请你们帮帮我吧，我急切地盼着你们的回音。

答：

根据你的介绍，有三点值得特别注意：

1. 以诚感人始终是最根本的方法。虽然你爸爸成天摆出一副阴森森的面孔，家人好心劝告，反而招致无端的谩骂，但这正好说明他内心的极度苦恼和烦躁。作为他的亲人，你们就只能以满腔的同情给予关怀爱护，而绝不能报之以冷漠和怨烦。据说澳大利亚坚决主张禁止吸毒的总理霍克，他的宝贝女儿也是一个吸毒者，霍克曾对她百般劝阻，但收效甚微。一次，霍克在禁毒大会上谈到吸毒的祸害给社会带来的严重后果时，不禁泪随声下，导致语塞。恰巧他的这位宝贝女儿也在听众席上，被这一场面深深感动，痛悔过去辜负了父亲的期望，从此改过自新，终于戒掉了吸毒的恶习。所以我建议你们多有意识地创设一些像过去一样的全家人和谐共处的愉快场面，以引起你爸爸的回味和反思。

2. 务必要和你爸爸保持密切的对话和谈心，否则怎么能对他了解、进行劝说的工作呢？对此你们得开动脑筋，与他保持各种各样的接触。打开对方心扉的方式很多，一般是从亲切热情地关心他的生活下手，打下基础后再谈到实质问题；也有的是对对方特别关注的问题，用引而不发、循循善诱的方式，使对方不得不找上门来跟你谈话。此中奥妙，望你们仔细体会琢磨。

3. 你父亲赌输的钱已达两千多元，你们不能采取不闻不问的态度，这个问题建议你们开家庭民主生活会协商解决。重点在于如何管理今后全家的经济开支，应协商出一个实事求是、切实可行的制度。

4. 是关于内外力量的有机配合问题，一切在你爸爸心目中具有一定影响的人物和机关，诸如过从较密的亲友，他工作单位的同事和领导以及街道里弄的治安机构，都是你可以借助的外力。但借助于这些外力的时机分寸必须慎重掌握。一般说来，对于父兄师长的告诫、亲朋的规劝、儿女的劝谏，都无动于衷，置若罔闻的，毕竟是少数。因此在工作中，一定得留有余地，不要使你爸爸有"猪八戒照镜子，里外不是人"的感觉，这点也是十分重要的。

# 该不该让孩子干点家务

问：

有人主张让孩子干点家务，也有人不主张让孩子干家务。各说各有理。我的小孩子从来不干家条。你说这样好不好？

答：

美国哈佛大学一位学者叫威特仑，为了孩子应不应该干点家务，花了 40 年，追踪观察了 256 名波士顿少年。结果是：小时候常干活的孩子，成年后生活、工作以及健康状况，都比那些从小不干活的孩子要好得多。

威特仑的结论是有道理的。孩子在做家务的过程中，获得了工作能力，感到了自身在家庭中的价值，这使他们充满自信，并且有一种责任感和自豪感。

为了让孩子干点力所能及的家务，一是目的要明确。叫孩子干活，并非仅仅为了让他完成任务，而是要培养他的责任心，以及独立、自尊、自信和进取精神，这是感情健康的保证。二是抓之宜早。儿童心理学家说，刚会走路的孩子，就有"帮妈妈做事"的迫切愿望。2 岁的孩子会帮着递送物品。到了 4～5 岁，就可以自己收拾玩具、衣服。到了 7 岁，就可承担某些家务。三是要认真对待孩子干的活。他没有大人做得好，切不要忍不住去插手和另做一遍，这会使孩子泄气。如果孩子不会做，大人要耐心教。如果没有尽力而为，就应坚持让他重来。当然，孩子胜任不了的事别让他做。过劳也于身心不利。还有一点很重要，就是不要贿赂。孩子把事情干好了，不可给他金钱方面的报偿，因为要让他明白做家务是尽义务，而不是为了报酬。一个微笑，赞许地点点头，或说一声"谢谢"、"干得真好"，足矣！也可有意让他听见你对别人说，他使你感到多么骄傲。这也是一种报偿。

# 不要让进入青春期的孩子背上思想包袱

问一：

我是一个刚进中学的学生。我们班上有些同学看到男女同学同座，就说一些怪里怪气的话去讽刺别人。

我有一位好朋友，因和男生同座，关系也还可以，班上就有了些风言风语。对她的苦恼，我很同情，但却无能为力。看她因这件事甚至影响了学习，我心里真不是滋味。请问怎样才能解除她的烦恼呢？

问二：

最近我发现一些同学由于背上了思想包袱，以至于成绩下降了。

他们被认为是一些早恋的中学生。都说在14～15岁是危险年龄，但男女同学之间的正常交往应是无可非议的。他们在一起，只不过是相互鼓励学习，交流思想，并不是搞私下约会、看电影之类。可这种情况被老师知道了，说要告诉家长，要是家长知道，就没有活命了。家长也会在人家面前抬不起头来。请问这怎么办？

答：

对你们一些同学当前的苦恼和思想上的负担，我们十分理解，并深表同情。我们的意见有以下三点。

1. 一般说来，初中阶段是性成熟开始的时期，也称青春初期。进入了性成熟期的孩子，男女之间会产生一种相互吸引和倾慕之情，这是很自然的，不能把这种正常的现象错误地当成"早恋"。但正如你提到的那样，如果教育引导不得法，就容易走到早恋的歧途上去，那危害性可就大了。深刻地认识到这一点，对自己的行为就要自觉地加以注意和控制。老师、家长针对你们这个时期的特点，正面地讲些性的科学知识，性道德和有关两性间的法律常识，这是必要的。

2. 我们是反对早恋的，但提倡男女同学的正常交往，比如在节假日里组织男女同学的集会，共同讨论理想、生活、学习和时事中大家都关心的问题，以及开展健康有益的文体活动，等等。这将有助于消除异性间的神秘感和培养同学间兄弟姐妹、同志般的正常情谊。正常的异性同学间的友谊和爱情是有着明显区别的。爱情指的是男女两性间所产生的那种独特的兴奋、快慰、倾慕并渴望结为终身伴侣的强烈感情。这一向是伴随着严肃的对所爱的人的义务和对下一代负责的义务滋生的，不是青春初期人人都有的那种朦胧的充满了神秘色彩的相互好感。由于男女授受不亲的封建残余思想作怪，有些人，见到一个同学偶然与异性同学同路回家，甚至某某同学因与同座的异性同学多讲了几句话，便大惊小怪，当做新闻，四处传播，风言风语地议论开来。这种现象虽属幼稚可笑，但影响却很不好。对于这样的闲言碎语，必要时我们可以坦率地向老师和家长反映，老师和家长则要挺身而出，义正辞严地加以制止，作好必要的解释工作。对这样的闲言碎语的制造者，我们要胸怀坦荡，大度包涵，一笑置之，不要放在心上而影响了自己的学习。俗话说得好，身正不怕影斜，让事实和时间来说明一切吧。

3. 对个别同学已发生的早恋问题，本着对同学的爱护和关怀，应尽可能地与之个别谈心，诚恳地加以劝导，必要时也可如实地向老师反映，让老师对他们进行教育帮助，我们切不可在背后说三道四，指指点点。老师和家长特别是班主任老师，对此类问题的处理，尤其要特别慎重，切忌轻率大意，粗率从事，伤害他们的自尊心以致酿成恶果。

# 自觉地以奋发上进的精神度过动荡的青春期

**问一：**

我们虽然没见过面，但我想您一定是一位慈祥的老人。

我是一个初中二年级学生，社会知识很少。我经常和男孩子交往。可爸爸、妈妈不让我同他们接触。我总觉得和男孩子接触没有什么不好，您的意见怎样？

我还想请教您一个问题，怎样处理男、女生之间的关系？

**问二：**

我想问您一个问题，我们班上有一个同学对一个异性同学产生了某种特殊的情感，特别愿意和那个异性同学接触。家长该怎样对待这种事情呢？是打骂、回避，还是放任不管？同学又应该怎样对待这样的事情呢？

还有些人，看到一个男同学和一个女同学关系比较好，就叽叽喳喳地议论别人。比如说，今天老师把一位女生调到某男同学旁边，那些人就说："这位男同学发大财啦！"我真不明白，他们为什么要这么说。现在，也有不少人在背后说我的闲话，只因我在班上还有一定威信，才不敢当面说。您说，我应该怎样对待这些流言蜚语呢？我认为您非常地了解我们，所以我把这些别人不知道的都告诉您。希望您不要把我写的告诉我的家长。

**答：**

从来信看出，你们都是富于想像和勇于探索问题的孩子。目前正处于一个独立性和依赖性、自觉性和幼稚性错综矛盾的时期，你们遇到的问题也正是这个时期具有代表性的一些特殊矛盾，是不容回避，必须正确认识和解决的。这里综合谈谈我们的意见。

1. 正确认识青春期性意识萌动的特点及早恋的危害性。

初中阶段是性成熟开始（女生从 11～12 岁开始；男生从 13～14 岁开始）的时期。这时由于性机能的发育成熟（特别是女孩子的第一次月经、男孩第一次遗精以后），性意识的萌动就更为活跃，两性之间就会产生一种相互吸引和爱慕之情，都有在异性面前表现自己以引起对方注意和好感的愿望，可是在表面上往往又出现一种互相排斥甚至厌恶的态度，其实这是一种假象，它正好掩盖了两性间眷恋倾慕之情已经开始的实质。这是性意识觉醒、生理心理现象的正常反映，是不足为怪的。但是家长和老师则必须密切注意这种动向，细致地掌握孩子的变化情况，妥善而及时地加以诱导，使这种爱慕之情向正常的同学友谊的方向发展，而不要只消极地在防、堵、禁上作文章。要知道，如果教育不及时，处理不得当，那么这种含蓄在内心的充满了神秘感的相互爱慕之情就会在某种外界条件的刺激下，从"内心"发展成行动，由朦胧的一般"表示"，到有对象的"追求"，甚而形成"一对一"难舍难分的状况，这就是一般所谓的"早恋"。到了这一步，问题可就比较麻烦了。

早恋的核心问题就是"早"，性机能开始成熟而其他方面尚未成熟，故还不具备谈恋爱的条件。早恋仅仅只是那种对异性的吸引在某个人身上的体现，尚缺乏决定爱情成功的最主要的因素：观念、信念、情操与感情的一致，不是真正的爱情，所以成功率一向极低，但消极影响却很大。

许多调查材料表明，早恋的青少年中有 80%～90% 的人情绪处于动荡不安的状态；90% 左右的人成天沉溺于讲究穿着打扮、写情书和约会之中，消耗了大量宝贵的学习时间和精力；因早恋而成绩急剧下降的数字是惊人的，能暂时保持不变的仅 25%，上升的几乎等于零。早恋者中，精神空虚成绩特差的竟占 75% 以上。一般陷入早恋泥沼中的学生，对集体活动态度开始冷淡，与老师同学，乃至父母兄弟姐妹的关系也日渐疏远了，又由于各方面对早恋的行为都持反对态度，这种舆论的压力必然使早恋者在集体中威信降低，自尊心受损，以致意志消沉，精神萎靡不振，其中个别意志薄弱者在某些刺激与诱惑下，还可能会犯性错误。一旦此种情况发生，由于种种原因，女性受害程度远比男性更为严重。另外早恋的坏风气蔓延开来，还会影响好班风、好校风，以至良好社会风气的形成。

2. 教师家长都重视孩子的青春期教育。

早恋的危害如此之大，所以青春期的教育是不容忽视的。教师、家长的职责是：

①要全面提高学生的思想道德水平，树立革命人生观和远大的理想。要千方百计地把他们的时间和精力引向自觉地为四化建设而刻苦学习、努力锻炼、积极进取方面来，这是最根本的。

②大力组织形式多样、内容丰富、健康有益的学习活动和文体活动，以开拓培养男女青少年广泛的兴趣爱好，并让他们在正常的气氛中，有组织地、公开地广泛接触交往，以增进相互的了解，消除两性间的神秘感和好奇心，把他们之间那种朦胧的相互爱慕之情引导培养成为同学间、兄弟姐妹间的正常情谊。

③适时而有效地正面进行生动活泼的性知识、性道德教育、早恋危害性教育以及有关两性间的法律常识教育。青春期的教育关键是使学生情感改变，这就特别要求教师、家长正确理解青少年男女的关系，与学生情感相通，对他们理解、信任，并予尊重，不能把友谊、早恋、性错误看成是同一个问题，也不能把还只含蓄在心里或文章、日记中对异性的爱恋的偶然流露就当做早恋行为。处理这类问题的艺术是在态度和言谈中有意识地予以冲淡，不要弄假成真，而要变真为假。即令对有早恋行为的学生，也不能认为这就是道德品质不好，予以粗暴的贬斥打击，而应从关心爱护出发进行和风细雨般的、细致耐心的规劝、引导、挽救。对学生中的流言蜚语或疯疯逗逗的恶习则要义正辞严地进行正面教育，并予以澄清和制止，不能听之任之，致使歪风邪气滋长蔓延。

3. 学生应怎样处理两性关系。

　　正确处理两性关系的问题，关键在于提高思想觉悟与道德修养。所以作为学生在认识了青春期的特点及早恋的危害后，就应发挥主观能动性，自觉地努力提高道德水平，加强道德修养和意志的锻炼，并针对具体原因采取有效的对策：生理、心理的原因可以"淡化"，所谓淡化即指对性意识萌动、性冲动的自觉转移，如开拓广泛的兴趣渠道，使兴奋点转移到有益于身心的正常发展方面；社会的影响可以"优化"，所谓"优化"即指有选择地吸收其正面的、积极健康的因素进行自我教育，同时抵制消极因素，诸如抵制黄色书刊及资产阶级腐朽的生活方式；两性间互相吸引的因素可以"常化"，所谓"常化"即指在公开的集会场合，两性间在健康正常的接触交往中，养成一种端庄稳重、文明有礼的言谈举止，开朗、活泼、大方自然的性格和风度。

　　此外，对于早恋的同学要诚恳地规劝，不能歧视和讽刺；对流言蜚语，在适当的场合如共青团的组织生活或集体的讨论会上可严肃认真地谈自己的看法，也可向老师反映，争取老师的指导和帮助。

# 少女怎样对待爱情

问：

您好！我们都是情窦初开的少女，在追求真正幸福的时候，往往不慎跌于泥淖而抱恨终生，怎样才能找到爱情的真谛而又不上当受骗？

答：

看到你们的来信，我首先要问的是：当有人向你求爱时，你是欣然接受或者是审慎从事呢？这是一个关系到一生幸福的大问题，在此我提出一些应注意的问题。

当对方向你求爱时，要多了解他的工作、学习、志趣、爱好、品德、身体乃至家庭成员等许多基本情况，在多种形式的接触中多观察、多了解，看看是否有建立感情的基础。在感情没有基础时，不要轻信对方的甜言蜜语，不要轻易接受对方的钱财馈赠。无论对方的追求正当与否，你都应将相互关系控制在符合社会道德的原则上，即使追求者可能成为你将来的终生伴侣，也不能随便以身相许。不正当的性行为有害无益，女方受害往往更大。如果对方提不正当的要求，更应慎之又慎，不要让感情冲垮理智的防线。对于对方的过分亲热与挑逗要有戒心，对狎昵性的言行要及时制止，使对方有所收敛，以免得寸进尺，不可自拔。

如果你不爱对方，应尊重对方的人格，注意处理好关系。如果对方通情达理，你不妨以谈话或书信的方式表明自己态度；如果对方性情暴躁，最好通过对方的知心好友向他解释清楚，以防落到不成情人成仇人的地步，造成严重后果。

如果你尚未到适婚年龄，特别是正在读中学的时候，就不要接触这个问题，早恋是有害的。

# 怎样增强社交能力

问：

我是一个初涉社会的青年，无论思想、感情都渴望得到交流，但我又苦于不善社交，怎样才能增强社交能力？

答：

美国著名心理学家Ｆ·Ｌ·古德伊洛弗向青年们提出增强社交能力的一些有效可行的方法，现介绍如下，以资参考。

首先，你得学会各种文体活动。一个能打桥牌、跳交谊舞、游泳、滑冰、打球，还能烧营火、做牛排的人，在许多场合下，总会成为大家喜欢的人。

对你而言，关心周围的事也是不可少的，特别是关心你所要结交的人们所感兴趣的问题。如果你还能试着做一个善于倾听别人言谈的人，你将更成功。应记住对待客人最有办法的人，就是那些有办法让客人多谈话，并善于掌握发问时机和提出适当问题的人。

当然，克服羞涩也是增强社交能力的重要一环。你应该把你的注意力坚定地集中在目前发生的事情上，不要总想着自己，当别人问你什么的时候，马上予以回答，但绝不滔滔不绝地讲下去。

如果你在与别人交谈，最好不要谈论你自己，或硬把谈话朝自己的兴趣上引，而应该注意发现别人的兴趣。最好事先储备一些故事和笑话，但不要忘形地说下去。聚谈时，要鼓励别人谈他们的故事和笑话。一旦有冷场出现时，便可再接着讲自己的故事。

当然，注重文明礼貌更是社交场合的良好表现。

# 怎样使自己有风度

问：

你好！我刚刚谈了一个女朋友，我很倾慕于她。可她却说我太不讲究，没有风度。我很苦恼，特来信向您请教我怎样才能变得有风度呢？

答：

你女友对你提的没有风度的问题，是不少男青年恋爱生活中常碰到并为之苦恼的。不用讳言，现代女青年不仅自己爱美，更注意与之相伴的男友的风度是否潇洒。

不论是男人或是女人，"空有一副好皮囊"是不足取的。有的男女，长得漂亮，穿着阔气，却并不能引起别人的好感，有的甚至粗野、鄙俗或是轻佻、浅薄。特别是有的男青年，就像你一样，平时疲疲沓沓，不大讲究，即便出入庄重的场合也是如此。而有些男女长相并不怎样，却有一种特殊的神韵，奇异的魅力。这都是风度的作用。

何谓风度？风度就是一个人的言谈、举止、仪容、气质等要素的综合表现，也就是要举止大方，动作适度，彬彬有礼，言谈文明，仪容整洁，等等。要讲究风度，切不可言谈粗鄙，油腔滑调，举止委琐，行为不雅，仪容怪模怪样，衣冠肮脏不整；也不可言词过分流于嬉戏笑哈。否则，就会引起别人的恶感。

女青年都希望自己的男友仪态端庄，举止潇洒，这样她们也会感到荣耀和快乐。相信你会成为一个融内在与外在为一体的风度翩翩的郎君，如此，你就能与你的女友终成良缘了。

# 第二篇　学习与发展

# 新的人才观与教子成才

问：

我们做家长的谁不希望自己的子女能够成才。但在今天，什么是人才？要造就新时代的人才，父母应抱什么态度？这一系列的问题，我还不甚了解。希望编辑同志能简单扼要地给我们作个解答。

答：

你提出的问题是当前教育工作中具有方向性的大问题，也是我们家长和学校的教师所不能回避的问题。这里试谈谈我的看法，供你参考。

教子成才历来是家长们的共同心愿。但成什么才，怎样才算人才？这就涉及人才观的问题，即人才的标准和规格问题。学校和家庭之间，在这个问题上必须取得正确一致的认识，否则在培育人才的工作中势必形成力量分散，甚至互相牵制抵消。

当前人们对人才的看法是各式各样的：有的认为只要聪明能干就是人才；也有的认为孩子驯服、听话、功课又好就必然成才；而更多的人则以为只有从小学、中学、大学再到研究生这样一步步登上宝塔尖端的少数佼佼者，才称得上人才，才算"正途"出身的正才。在以上种种思想的影响下，甚至连老山前线战绩辉煌的战斗英雄，体坛、艺坛上驰名中外的优秀运动员、演员，都几乎被排除于"人才"的范畴之外，更不用谈什么工农业生产战线上的能工巧匠和劳动模范了。在这些认识的影响下，许多家长千方百计，一心想把自己的子女送进中心小学、重点中学，再考上大学，形成千军万马抢过独木桥的局面，加重了学校、家庭和学生的负担。这都是不适应社会主义现代化建设需要的旧观念，与新时代的人才观是不相符的。

当前，我们正处在一个新的历史时期，我们的任务是要建立高度文明、高度民主的现代化的社会主义强国，为此，我们不仅需要成千上万的各行各业的专家、技术人员，还需要数以亿计的、不同行业的有文化、懂技术、业务熟练的普通劳动者，这支包括各行、各业、多层次、多规格的能人，统统都是新时代需要的人才。俗话说得好："三百六十行，行行出状元"，"条条道路通北京"，在全面发展基础上因材施教，人人都能成才，将来都能在不同岗位上做出贡献，都有光明的前途。

家长都希望自己的孩子能成为高层次的人才，这种心情我们是理解的。但这必须实事求是，即要根据孩子的禀赋、爱好、性格、志向以及环境条件等实际情况而定。不能硬要喜读文科的孩子学理工，强逼适于攻读中专技校的孩子去攻大学，对具有体育、艺术爱好特长的孩子不予重视，甚至斥之为"歪才"、"小才"都是错误的。我国每年大学本专科仅招收五六十万人，只占同龄人的 3% 左右。若干年后，也难有大幅度的增长。这是我们家长必须考虑的一个现实问题。所以让孩子读职业技术学校，学得一门专长，读师范学校当人民教师，也一样是成才的阳关大道。

新时代各级各类人才都应该有理想、有道德、有文化、有纪律。没有奋发进取的精神状态，没有爱国爱社会主义的思想，不管有多少知识，也不能算新时代需要的人才。因此，可以说，聪明能干，但不过问政治的庸人，固然不能成为新时代的人才；只是驯服、听话、功课好的孩子，家长和老师如不及时注意对他们给予创造性思维及创造精神的培养，也很难成为才华横溢、勇于创新的第一流人才，甚至还可能沦为唯唯诺诺、碌碌无为之辈。

# 怎样判断孩子是否聪明

问：

我有一个 3 岁的男孩，同事们有的说这孩子聪明，有的说一般。我弄不清楚谁的说法正确。请问，有没有一个标准来判断孩子是否聪明？

答：

　　测量"智商"是当今世界上衡量孩子通用的方法。所谓智商，就是用智力年龄除以实足年龄，再乘100而得到的商数。智龄是通过回答各年龄组的测试题得到的。以你的3岁孩子为例，在用3岁组测试题（能指出鼻、眼、嘴、耳、头发的名称；能说出自己的名字及分辨性别；能说出画里的床、桌、灯、收音机是什么；能说出钥匙、小刀、铅笔、书包的名称；能交叉复述1～9的数字）考试及格，他的智龄就是3岁。智商则等于（3÷3×100）100。他若在2岁组测验及格，智商则等于（2÷3×100）66。假若他能用5岁组测试及格，智商则等于166。

　　智商等于100的孩子，其聪明程度只为中等水平；得80以下智力就较差了；得120以上的为聪明儿童；得170以上为高才能儿童。

　　你不妨自己测试一下，就能弄清楚你的孩子是否聪明。

# 不能以脑袋大小定聪明

问：

　　我们青年女工在一起闲谈时，谈到谁的孩子脑袋大，必然聪明；谁的孩子脑袋小，智力会差一些。这是否有科学根据？

答：

　　我们从资料库里查到一个材料，正好回答你这个问题。

　　脑袋大的孩子是否比脑袋小的聪明，这要定个范围，如果脑袋异乎寻常的大或异乎寻常的小，都可能是一种病理状态，需要就医诊断治疗，这是另一回事。而在正常情况下，孩子的聪明程度与脑袋大小不成正比。人的智力高低决定于先天素质和后天训练两个方面。所谓先天素质主要是指神经系统特别是大脑发育的健全程度，关键在于脑细胞的质不在于脑细胞的量，因为一般人的脑不管大一点或者小一点，都有几百亿神经细胞，足够用了。医生曾解剖过俄国作家屠格涅夫，他的脑重为 2012 克，而法国作家法朗士的脑重仅 1017 克，约为屠格涅夫脑重的一半，可是他们俩都是世界文坛巨匠。伟大的科学家爱因斯坦的脑子也只有 1193 克，并不比一般人重。一个人的成才关键在于后天的教育和个人的勤奋。所以，"脑袋大的孩子比脑袋小的聪明"一说是没有科学根据的。父母们要想使孩子聪明，一定要重视优生优养优教。

# 从智力、能力、才能来看你的孩子是否聪明

问：

孩子是否聪明？这是我们做家长的所迫切关注的问题。常听人说，只要让他（她）写篇文章看看就知道了；有的说，让他（她）做几道数学题就能测验出来；又有的则说让他到有关部门测一测"智商"问题就解决了。我认为他们的说法虽也有一定的道理，但都还有些简单化、片面化的毛病，可如何才是比较全面科学正确的认识，我也说不上来。因此特请编辑同志给予解答。

答：

对你提出的问题，我的回答如下：

判断孩子是否聪明，涉及如何衡量一个人的智力、能力、才能的问题。

什么是智力？智力是一个人在认识和改造客观世界的活动中表现出来的认识能力的综合。狭义的智力，心理学上称为普通智力或一般智力，它包括观察力、记忆力、想像力和思维能力，而思维力是智力的核心。因此人们常以思维能力的广度、深度、速度、灵活性和条理性这几个方面作为衡量一个人智力高低的主要标志。

什么是能力呢？能力指的是一个人运用知识和技能去分析和解决实际问题的本领。能力大抵是由组织能力、定向能力（即在复杂的情况下，能迅速、准确、果断地确定应怎样做的能力）、实际操作能力（即动手的能力）、适应能力和不断革新创新的能力五种基本因素构成的。

才能的高低，是衡量一个人聪明程度的根据，它是普通智力、特殊才能和创造才能这三种因素的综合表现。

你的孩子如各科成绩都比较好，在一般情况下，可以说是一般智力较高；但如果一向学习成绩都比较差，也不能认为就是才能低下的笨孩子，这还得作具体分析，因为孩子才能的发展和显露，有早有迟，大器晚成的现象古今中外屡见不鲜。达尔文、牛顿、爱因斯坦，都是世界公认的杰出科学家，但他们在少年时期，智力并不超群，成绩也不全优，有的甚至被老师认为是不堪教育的笨蛋。可见不能只凭反映一般智力的学习成绩来决定一个人才能的高低，更不能凭一二次各科考试成绩的优劣来判定其才能的高下。

我国古代大数学家祖冲之，少年时，读四书五经就显得很迟钝，但对天文、历法、数学具有特殊的兴趣，逻辑思维能力特强；《水浒》中写了个心灵手巧的成衣匠侯健，说他做衣服"端的是飞针走线"，又快又好。这些人在某一方面的才能大大超过一般人或优于自己其他方面的才能，这就是他们的特殊才能。经验告诉我们，在良好的教育下，孩子们绘画、音乐、数学、写作和学习外语的特殊才能，会较早地显露出来。

还有一种人，他们观察事物时，能别具慧眼，从别人司空见惯的现象中，发现别人视而不见、隐而不显的新问题；思考问题时，能摆脱传统框框条条的束缚，用新的思想、新的观点、新的办法解决新的矛盾，就像人们所熟知的曹冲称象和司马光砸缸救人那样。这就是今天特别重视培养的创造才能。

你的孩子在一般智力、特殊才能和创造才能这三者中，如果有一项比较突出，就可算是才能较高的聪明孩子了。

# 到哪里去给孩子进行智商测查

问：

我对测查孩子"智商"的方法，很感兴趣。但不知应该到哪里去给孩子进行智商测查，希望你能在百忙中给我一个回函。谨致谢意！

答：

　　智力测验具有广泛的应用，目前我国应用最多的是教育、医疗、人才选拔等方面。在师范大学、教育研究机关、大医院、儿童医院等单位都有"智力测验"量表。有些单位还开设有"心理咨询"的业务，收取一定费用就可给你进行智力测验或其他心理测验。就我所知，武汉的华中师范大学心理咨询中心、儿童医院、第二医院、市教育科学研究所都可进行智力测验。你可以先到当地或附近的医院、教育研究单位联系，如果得不到结果，那就只好到武汉市来测查了。因为测验题目有一定的保密性，在一般的图书中是查不到的。

　　借这个机会，我想告诉你，仅凭一次智力测验结果是不能断定孩子是否聪明的，智力测验也不是测定智力的唯一方法。要知道，聪明和愚笨不是固定不变的，智力是在后天的教育和社会实践中发展起来的。美国心理学家施托伊特做了一个有趣的实验：他将没有经商经验的大学生分为两组，一组是智商高的，一组是智商低的，给每个学生100美元，要他们在一学期内到证券交易所从事证券交易。结果令人吃惊：智商高的一组几乎全部赔尽，而智商低的一组中却不乏善于经商的人。这就说明有些特殊的"聪明"在现有的智力测验中尚测不出来。因此，智力测验作为认识智力的工具，既具有一定意义又存在着局限性。

　　愿你的孩子在受教育和参加各种实践活动中越来越聪明。

# 怎样才能使孩子更聪明

问：

　　最近，我发现我的1岁半女儿反应有点迟钝，情绪也有时不稳。为此，我和我爱人都很着急。请问：怎样才能使孩子更聪明呢？

答：

着急没有必要，认真对待即可。即使你的孩子有些心理问题，要矫正和训练为时并不晚，才 1 岁半嘛！据专家研究结果，3 岁才是人脑形成的最重要时期。

至于谈到怎样才能使孩子更聪明，国外有个资料，可供你参考。

1. 靠自身力量发展智力。作父母的，只要积极创造一个有利于孩子智力发展的环境就行了，不要过多地干预。智力不是赐予的，而是靠自身的力量来开发。

2. 培养基本的语言能力。语言能力提高了，其他能力才能得到理想的发展。

3. 培养对知识的好奇心。在日常生活中，要培养他们对各种知识的好奇心。这是人类生活的源泉。

4. 注重眼、耳、手的协调训练。眼、耳、手是人类重要的生理器官，在培养孩子"用眼看、用耳听、用手拿"的过程中，要注意反复进行眼、耳、手的协调训练。因为这样能刺激大脑，使之得到更好的发育。

5. 注意从兴趣出发。在幼儿教育中，绝对禁止强制行为。要积极引导，从孩子的兴趣出发。可以说，训练效果如何，直接取决于孩子对事情的好恶程度。

# 怎样使宝宝的脑子灵、反应快

问：

我们的独生宝宝快 2 岁了。我们非常希望她更聪明些。请问，我们应该从哪些方面来努力？

答：

除了上一篇所谈到的如何让孩子更聪明之外，我还想告诉你这样几点：

1. 从培养孩子的观察力入手。观察力是智力的基础，良好的观察力是日积月累形成的。要教会孩子观察周围事物，良好的观察力是增长孩子聪明才智的最基本条件。

2. 要增强记忆力。记忆力是智慧的仓库。要让孩子在学习和游戏中，增强记忆力。请记住，有兴趣的活动可以提高大脑储存信息的能力，能加深记忆的印象。

3. 培养创造思维能力。思维能力是智力的核心。思维活动包括分析综合、抽象概括、判断推理等过程。要保护孩子的求知欲和好奇心，热心回答孩子提出的问题。同时，还要加强培养孩子的口头表达能力。

4. 增强孩子的操作能力。操作能力是聪明智慧的表现。让孩子多参加一些活动，讲讲、说说、做做，动手又动脑，智力会得到很好的发展。

智力的高低，先天素质只是提供了前提条件，关键在于后天的教育。有目的有计划地培养训练，可以使孩子的脑子更灵、反应更快。不关心孩子的智力发展，即使是超常儿童也会变成普通的孩子。

# 怎样培养孩子的特殊智能

问：

我的孩子刚满 2 周岁，天真活泼，聪明可爱，我们很想将他培养成才。听人说，一个人的才能与其潜在的天赋有关。请问：怎样发现和开发孩子身上的某些特殊智能呢?

答:

无论是孩子还是成年人,身上都有着许多智能是专家们难以识别和检测出来的。在智商测试中,孩子们表现在语言和数学逻辑这两方面的智能往往能比较集中地受到重视。殊不知人类还存在着其他五种智能:音乐智能、空间立体感智能、运动智能和两种个性智能——善于处理人与人之间的关系,既能认识别人又能正确认识自己的交际才能。这五种智能往往得不到充分的注意和鉴别。

怎样去确认和开发潜在于您孩子身上的这些特殊智能呢?

1. 语言智能

一个在语言方面具有特殊天赋的儿童很可能开口说话比别的孩子早,或者比一般孩子爱说话。这种孩子往往能毫不费劲地学会一个外语词组,或轻而易举地就将电视中的某一段故事记住或背熟一连串台词。这样的孩子或许还会喜爱写诗和讲故事。一个语言天赋出众的孩子往往很早就能学会阅读。

如果您有一个这样的孩子,您将怎样鼓励和培养他呢?

每晚睡觉前,在床上给他读些幼儿故事。一旦孩子能自己阅读,就应及时给他提供大量的读物,给孩子买一本合适的词典。指定他背诵一些诗歌,当然,有可能的话,做家长的最好亲自背几首好的诗歌作示范,让孩子洗耳恭听。

总之,一个具有语言天赋的孩子需得到来自各方面的鼓励,这包括来自老师一方对孩子的智能所做出的反应和热情关注。

2. 音乐智能

具有音乐天赋的孩子往往对各种音响都挺敏感。像汽车喇叭声、打字机键的击打声,或是洗衣机的声响,都会令这类孩子神往。在孩子会走路时,他可能会走到钢琴旁边,去揿几下琴键,出神地站在那儿听着。再长大一点,他就能根据弹出来的曲子或已改变成管弦乐的谱子,听出是他所熟悉的歌曲。这类孩子很喜欢学唱并很快就学会一首歌。

对于这样一个孩子，您该做些什么才能进一步开发他的音乐智能呢？

面对着才几岁的孩子把钢琴当做玩具敲打，您是去责备他呢还是鼓励他？这时，你对孩子说一声"真好听！"这就是最好的鼓励。事实上，就在这种情况下，某种特殊的智能就开始萌芽了。

记住经常给孩子唱唱歌。如你自己的音乐才能有限，可给孩子找一位能歌善唱的保姆，为孩子买一架钢琴或一支长笛等乐器。假如能送孩子上上业余音乐课，那就更理想了。

3. 数学逻辑智能

一个长于数学逻辑的孩子往往迷恋于各种图案模型。这种孩子爱玩搭积木，稍大后还擅长棋类游戏并爱好抽象逻辑思维。数学逻辑方面具有天赋的孩子还常常问一些这样的问题："记时是从什么时候开始有的？""闪电是怎么回事？"

具有数学天赋的孩子还喜欢那种里面装有各式各样玩具的透明塑料盒。给这种孩子买生日礼物，可别忘了选择魔方一类的智力玩具。在和孩

子一起打牌或下棋时，即使你有时是孩子的"手下败将"，你不妨仍常陪孩子玩上一阵。

4. 空间立体感智能

具有空间立体感智能的儿童常常富于形象思维。例如，有的孩子很小就能在纸上用正确的透视法画牛奶瓶。

鼓励开发孩子在这方面的智能并不难。在早期，你可为孩子买些颜料，在家里给他安排一块能让他静心画画的小天地。为他提供各种各样的石膏或塑料制作的雕像及一副作画用的画架。还可经常带孩子到他不熟悉的一些地方远足，鼓励孩子将沿途所到过的地方绘成地图。有可能的话，为孩子提供制陶和绘画方面的课程。另外值得一提的是，空间立体感智能在学校往往得不到奖赏——一个爱画画的孩子可能会得到这样的教诲：把主要精力放在学习正课上，这样更实际！

5. 运动智能

运动智能由两种基本技能组成：出色的人体运动的自控能力和熟练操纵物体的能力。技艺超群的运动员、舞蹈家以及许多有造诣的工程师都具有这方面的天赋。

如果你的孩子很早就学会了结鞋带、游泳，此外，如你还常见他翻跟斗轻松自如，骑自行车双手脱把仍显得稳稳当当，那么，你的孩子很可能就属于那种具有运动智能的孩子。这类孩子能擅长需要运动技能的任何工作，例如：穿针引线，使用工具，拆装钟表，修配组装收音机，摆弄计算机，等等。

对于一个具有运动智能的孩子，你该做些什么才有益于发展孩子的这种智能呢？

给孩子买些电子原件，添置些锤子、锯子一类的工具，带孩子去参观手工艺品博物馆，介绍他进少年舞蹈或体操训练班。

在学校，操场和木工间是这类孩子最能发挥其智能的地方。然而，每天坐在课堂里听课读书却是让这种孩子难以忍受的苦事。除非，他正好也具有语言和数学逻辑这两方面的智能。这类孩子只有在学到某些需要运动智能的课程时，才有真正的用武之地，才能尽己所长，使人刮目相看。因此，我们家长及学校的老师要尽可能对孩子自感困难的那些学科进行课外辅导。

6. 第一种个性智能——认识自己与认识别人

一个孩子是否有善于认识自己的天赋，似乎不容易看得出来。通常，我们只有在孩子缺乏这方面的品质时才留心这一点。例如，当一个孩子十分明显地经常流露出忧虑的神色时，常会使他的父母纳闷：这孩子是否需要什么特殊的帮助？善于认识自己的孩子就极易令人感察出他们的思想是否已趋于成熟——这类孩子往往知道怎样设计自己，怎样充分发挥自己的才能。

第二种个性智能——认识别人的智能相对来说，就比较容易察觉。有这种智能的孩子对别人身上所出现的丝毫变化都十分敏感。"爷爷今天为何伤感？"他会问道。如果他正读一本惊险小说或看一部侦破案电视剧，他会很快地认出其中的反面角色。你何时悲伤，何时高兴，他都能察言观色地加以留意。

怎样才能鼓励和发展孩子的个性智能呢？如果你的孩子个性智能属于自我认识型，那就要恰如其份地对孩子的自我洞察力给予赞扬。如果是属于认识别人类型，你就应该大力支持他参加各种集体活动，在集体中，孩子显示领导才能的机会将大大增加。

大人们所希望孩子有的那些智能在孩子身上观察不到时，去重视发现孩子身上潜在着的另一些智能就显得十分重要了。对于父母来说，当然不能忽视学校的作用。如果你的孩子在语言和数学逻辑这两方面智能均不突出，不要仅根据这两种被人过分强调的智能，就断定孩子是个"蠢材"。除了额外花钱花时去给他补课之外，在家里如觉察到孩子在其他方面表现出来的聪明才智，我们照样应给予鼓励和奖赏。

# 用扑克牌帮助学龄前儿童发展智力

问：

我们看了《怎样使儿童智力超常》的文章很受启发，很感兴趣。我自己的小孩也特别喜欢玩牌，但不知道是怎样通过玩牌去教育和启发儿童思维的。我的小孩已有 5 岁多了，现在已发展到三副扑克一起打。看了报道以后，我也想试一试，用娱乐活动，使小孩接受文化知识，但不知用什么方法，希望编辑同志介绍经验，给我们一个学习的机会。

答：

对你提出的问题我回答如下：

用扑克牌帮助学龄前儿童学习知识是一项非常管用的方法。这是因为智力的发展有一定的客观序列。一般地说 5 岁左右的孩子，从其心理的发展来看大体处在具体形象思维阶段。而运用扑克牌教学符合上述情况，只要认真抓好，孩子的智力会大大发展。

孩子在 5 岁前，可玩两种牌，一是"数学牌"，二是"汉语拼音牌"。

"数学牌"是用普通的扑克牌，主要培养孩子的数学能力。玩法是："四人先分完牌，再开始出牌，每人出一张。第四张牌出完后每人开始心算：即用加、减、乘、除、乘方、开方等方式，对四张牌运算，要求结果为 24。谁先想好谁先抢说"要！"（以拍桌为记）再讲述运算方法过程。若四张牌不止一种算法，则须把所有算法说出，方可赢牌（把四张牌收回答者手中）。这样进行下去，直到牌全集中到一个人手中为止。

这种玩法应说明的是：①大小王作任意数，由先答者决定（后答者不能更改）。②带花的牌为"0"。③四张牌中每张必用而且只能运用一次。④有时四张牌经运算得不出"24"时，为"平"，各自收回牌，重新出牌。

⑤若先答者只说一种方法，而后答者说出两种方法（包括先答者的一种），则该后答者赢牌。

举例说明：出牌是 5　　0　　4　　3

方法①$5^2=25$　　$4-3=1$　　$25-1-0=24$

方法②$4^2=16$　　$5+3=8$　　$16+8+0=24$

"汉语拼音牌"是按汉语拼音方案自己制作，共 60 张牌。其中声母 21 张，韵母 35 张，声调 4 张（可按《现代汉语词典》、《新华字典》最后一页的"汉语拼音方案"书写）。这种牌主要训练孩子的拼读能力。

玩法是：两人一读一拼，即先"争头"决定读、拼。如读者发出"啊、熬、昂"等音时，拼者要从牌中挑出牌并拼为："a、ao、ang"，并根据读音，分别加上声调牌。如：妈 mā、麻 má、马 mǎ、骂 mà。

玩这种牌应说明的是：①读音要求准确，家长若不会拼音，可借助于唱片、录音磁带进行。②玩牌前应教会孩子字母发音及拼音规则。

上述两种牌孩子很容易学会。我的孩子在玩数学牌时，常常一个琢磨很久，还经常找别人挑战，不到月余时间，其反应之快连数学系本科毕业生也玩不过他（我在《超常儿童特点及其早期家庭教育浅探》一文中作过说明）。不过，玩这两种牌时要注意几点：①由浅到深，由慢到快，由简单到复杂。②不断鼓励孩子进步，培养好胜心。③每次玩牌时间不宜过长，不应使孩子产生疲劳。④注意培养孩子的专注、观察、思维、记忆、判断等能力。

# 怎样提高弱智儿童智力

问：

我有一个十分苦恼的问题，现向你们求助。我的儿子 7 岁了，因先天原因智力低下而不能入学。我想在家里慢慢教他，请问像我这种情况，该从哪几个方面着手才能逐渐提高儿子的智力？

答：

你的焦虑之情我们十分理解。提高低智儿童的智力是一个十分复杂的问题，要针对具体情况区别对待。我们只能谈谈几个原则上的方法供你参考。

1. 通过文化教育发展智力。智力与教育水平紧密相关，而掌握知识的难易又依赖于智力的发展水平。二者是相互依存、相互促进的。在教育过程中，不能求速度，而要讲实效，一要耐心反复，二是循序渐进。

2. 多采用实物、教具的直接观察，尽可能形象化教育，从易到难，由浅入深。

3. 在活动中学习。寓教育于娱乐之中，通过猜谜、智力游戏等活动学得知识。

4. 扩大智力刺激范围。注意扩大孩子的生活与活动范围，开阔其视野，使之受到多方面的智力刺激。如经常带他到公园，进行参观、游览等活动，并不失时机地耐心指点。此外，亲朋聚会，见客访友都不要碍于情面，而要尽可能让孩子参加，使他通过各种场合增加知识启迪思维。

5. 培养操作能力。对孩子进行自理能力的操作训练（尤其是手的动作）。如训练"三穿"（穿衣、穿袜、穿鞋），及做清洁、洗菜、煮面条等，指导折纸、剪贴等手工活动，以培养手眼的协调能力，并通过手指的精细动作促进脑的发育。

6. 耐心、严格，因人施教。对语言表达障碍的孩子，可先从教唱歌入手，后教阅读，以发展他们语言能力。对书面表达能力有障碍的孩子，可先从画画入手，使他们认识图形差异及含义，再教写作。

关于提高弱智儿童的智力，上面简略地谈了六个方面。另外，弱智儿童的营养健康和心理健康也是提高其智力的重要因素。这就需要家长在生活上给予更多的关照，在情感上付出更多的爱心。

# 低能母亲能否奶孩子

问：

母乳是婴儿最理想的营养品，世界各国都主张用母乳奶孩子。我想请教的是，低能母亲能不能奶孩子。

答：

一般来讲，由于遗传因素而低能的母亲，她所生的孩子，也常有遗传因子，对于这种孩子，不能由母亲喂奶，以人工哺乳为好。比如苯丙酮酸尿症，是常见的遗传性代谢紊乱疾病，患此病的母亲血液里苯丙酮酸较多，此种物质能抑制大脑的发育，而导致智力低下。她们所生的婴儿也带有这种病的基因，已有智能低下的可能，如果再由其母喂奶，婴儿血液里将会有更多的苯丙酮酸，使孩子更加愚笨。显然，这种母亲是不应奶孩子的。

但是，产生低能的原因有遗传性的和非遗传性两大类，就是遗传性的低能疾病，也有代谢紊乱和染色体异常两个类型。染色体疾病也并非都遗传，由此可见更不能一概而论了。

目前已发现的遗传性疾病很多，到底哪些病人能奶孩子，哪些病人不能奶孩子，要由医生检查后决定。

# 3 岁女儿还不会讲话是不是"憨大"

问：

我的女儿今年快满 3 岁了，可还不大会讲话。有的人说她是"憨大"，也有人说不是，待长大后自然会好的。请问什么样的情况才算是"憨大"，有什么办法检查？

答：

你所说的"憨大"，大概指的是智力落后吧。智力落后是一个非常广泛的疾病概念，形成的原因很复杂，从最轻的智力落后（指的是一般因智力因素较差致使学习感到比较困难的儿童）到最严重的（即连生活也丧失自理能力）"白痴"，都在这个范围之内。有一种经医师明确诊断其智力落后的病因属于遗传性疾病，与一般智力落后不同。前者无法用药物治疗，后者可经过智力训练或药物治疗得到改善。

孩子的语言发展较慢，不一定就是智力低下，因语言发展较慢的原因很多，如有的是先天性的耳聋，有的是营养不良或患有慢性消耗性疾病等，但最常见的情况是孩子学习语言的环境很差。比如大人平时很少有意识地教孩子讲话，致使孩子得不到模仿学习的机会。或者让孩子长期生活在极为单调的环境中，孩子不能感受到要求用语言来表达自己愿望的刺激。

看来你的孩子在其他方面的发育都没有什么异常现象，只是练习语言的机会较少罢了。大科学家爱因斯坦 3 岁时才会叫爸爸，这是大家熟知的例子。如果你不大放心，无妨带孩子到医院的儿童保健室检查一下。

# 儿童用脑应该注意哪些问题

问：

我的孩子快要小学毕业了，读书很用功，常常熬夜，遗憾的是，成绩并不十分理想。请问：问题出在什么地方？

答：

孩子的成绩不理想，原因是多方面的。从你的来信看，很可能与孩子的用脑不科学有关。如果是这种情况，建议你考虑以下几点：

1. 切忌大脑过度疲劳。在鼓励孩子刻苦学习的同时，还要教育孩子适当地休息。用脑过度，适得其反。

2. 注意调节孩子的用脑。实验表明，大脑长久集中于某一方面的活动，容易导致疲劳，效果并不佳。拿学习而言，不妨变换一下内容，做完算术后，读读语文或者英语，让大脑神经得到交替休息。

3. 孩子的生活要有规律，养成良好的生活习惯。长久地熬夜并不好，不仅会损伤大脑，还会影响身体。

# 什么是"暗示方法"

问：

据说，暗示教育能激发幼儿的无意识心理活动，使大脑受教育影响的潜能得到充分发挥。而且容易被孩子接受，效果很好，请问，什么是暗示方法？

答：

暗示方法有以下 6 种。

1. 语言暗示：如父母送宝宝上幼儿园时，这样对孩子说："见到老师该说什么呀？"孩子回答说："老师好！"这就是语言暗示。它能启发幼儿动脑思考和用心表达。

2. 榜样暗示：幼儿是天生的模仿家，而行为因其形象直观又最容易为幼儿所模仿。如上课时，全班幼儿都在认真听老师讲，突然一个幼儿回头看，其余的幼儿也会不自觉地跟着回头看。这就是行为暗示。所以父母必须注意自己的一言一行。

3. 活动暗示：幼儿抽象思维能力很低，教育时力戒空洞说教。如只教育幼儿关心老人，显然不够，还必须让他们为老人做点力所能及的事，以此来培养幼儿尊老的感情和习惯。

4. 情境暗示：在安静的教室里，不用老师提醒，幼儿也能保持安静。即使走路，也会轻手轻脚，不影响他人，也就是情境暗示在起作用。通过创设情境教育幼儿，能收到良好效果。

5. 艺术暗示：幼儿听到不同歌曲，会产生不同的表情，表达不同的感受。为使幼儿安静，老师用琴弹奏他们喜爱的歌曲，幼儿就会被吸引而不再吵闹。这说明艺术暗示作用不可小看。艺术暗示来自形式、色彩、韵律、节奏、语调等。

6. 权威暗示：声望高的权威人士暗示作用大。如幼儿认为老师和父母的话绝对正确，是因为在他们眼里，老师和父母是绝对权威的化身。

# 哪些智力因素与创造力有关

问：

我是一个初中一年级学生。爸爸常常批评我读书、做事没有创造能力。我想知道，哪些智力因素对发挥创造力有关系？你能告诉我吗？

答：

创造力是指人们从事创造活动的能力。创造力的发挥，同下面几种智力因素有密切的关系：

1. 观察能力。富于创造性的人，对事物都有敏锐的直观力。

2. 记忆能力。从直观得到的信息和材料，能一成不变地保留和贮存下来，称为记忆。任何一种创造性活动，必定以记忆的知识为材料。富于创造性的人，一般都有较强的记忆力。

3. 思考能力。思考力是指在已取得的知识中，经过分析和综合、推理和判断等逻辑思维活动，得出新结论的思维能力。思考力在创造性活动中占有重要地位。可以说，没有思考，便没有创造性活动。

4. 想像能力。想像是指人在头脑里改造记忆中的表象而创造新形象的过程。想像力是人们主观能动性的高度表现，是创造力的重要基础。富于创造性的人，想像力是很丰富的。

此外，人的兴趣、情绪、意志、性格与道德情操，这些非智力因素，对创造力的发挥也起着重要作用。

无论智力因素和非智力因素，都是可以通过后天培养的。换言之，创造力可以从各种学习和锻炼中得到提高。

# 怎样培养孩子的创造性思维

问：

我常听人说，社会主义的建设需要创造才能较高的"新人"。我们作家长的谁不希望响应党和国家的要求，配合学校的老师把自己的孩子教育培养成这样的新人呢？但是培养这样的人才应从哪些方面着手，特别注意哪些问题，希望您能用通俗的语言，浅显的例子，给我们一个简明扼要的解答。谢谢。

答：

限于个人的水平，我恐怕很难满足你们的要求。这里只能勉为其难地作个尝试。

培养创造才能较高的新人，是党和国家的迫切要求，也是广大家长和教师的共同愿望。创造性思维是创造才能的核心，因此要培养具有创造才能的新人，就必须从培养创造性的思维这个核心问题入手。

什么是创造性的思维呢？创造性思维是发（扩）散性思维和集中（收敛）性思维辩证统一运动的产物，其中，发散性思维占主导地位。

发散性思维是一种不依常规而从多角、多边、纵向、横向、平面、立体等多种途径去寻求解决问题的思维方式，这种思维能力越强，创造力就越突出。发散性思维具有流畅性、变通性、独创性三个特征。以回答砖头的用途为例，"流畅性"指发散的数量要求，砖作为建筑材料的概念而言，它有盖房、筑墙、铺路等多种用途（列举越详尽越好）。"变通性"指发散的灵活性，是发散思维的关键，能触类旁通，例如砖头可代钉锤敲钉子，可垫箱子，可压纸等等，这就是思路已从原来的类别（建筑材料）跳到了另一类别。"独创性"则指的是在前两种思维过程的基础上，提出了砖头另一新颖、独特、与众不同的新见解和标新立异的结论，"砖头不仅是建筑材料，还有作建筑材料以外的多种用途，在特殊情况下又是对付敌人的武器。"这就说明"独创性"是发散性思维的目的和本质。

家长和老师要培养孩子的创造性思维，首先要创造民主的、敬长爱幼的和睦融洽的家庭气氛，建立一种新型的父（母）子、师生关系，要解放儿童的头脑，让儿童敢想，多想，会想，想得活，想得准，想得巧；还要解放儿童的手脚、眼睛、嘴巴；也要适当解放儿童的时间，让儿童能想、能干、能走、能看、能提意见，并有自由支配的时间和多种娱乐的方式、场所。其次要彻底改变传统的"注入式"、"填鸭式"和强迫儿童死记硬背的教学方法；要鼓励和肯定儿童在生活和学习中新奇的构思、大胆的设想、与众不同的见解和别出心裁的解题方法；要保护孩子的好奇心，发现和培养他们多方面的兴趣和强烈探索的动机。第三要正确对待创造型的儿童。不要把那些性情倔强，行为乖僻好提怪问题，不喜欢"按我的葫芦画瓢"的孩子，斥之为不堪教育的坏孩子，采取压制、厌弃、冷落、讥讽的态度。实践证明：调皮捣蛋的背后，往往孕育着创造的因素。智力中等的孩子，有时更有创造的可能。要使他们受到爱护尊重，并对他们寄以热情的关怀和期待。

# 为什么要把握早期教育的关键时刻

问：

现在国内外对重视"早期教育"的呼声都很高。早期教育如此重要的理论根据是什么？怎样具体把握早教的关键时刻？特请您简明扼要地给我们作个解答。谢谢。

答：

关于你提出的问题，我试答如下。

古人说"机不可失，时不再来"，用这来说明必须抓紧早期教育，是十分恰当的。

科学资料表明：人类的脑，其发育的速度，大大先于自身的其他器官，这是与其他动物大不相同的，两个月后的胎儿，头部已占了身长的一半，婴儿出生后至 5 岁时，其脑重已达成人脑的 95％。在人脑迅速生长的这个时期，也是智力发展的最佳期；假如在脑功能发展的最佳期内，失去了良好的教育，智力将得不到充分的发展。有专家认为智力的发展有一个"递减规律"。假定在理想的教育下，可开发的智力为 100％，那么迟至 5 岁才开始，智力只能有 80％被开发；迟至 10 岁时才开始，即令教育再好，也只能开发 60％的智力；如从婴儿时起，一直放任自流，得不到良好的教育，则一生将只能有 20％～30％的智力被开发出来。

还有的科学家根据一般动物都有"印刻期"（即动物把出生后第一眼看到或经常接触的动物当自己母亲的特性）和"发展期"（即动物某种能力得到发展的时期）的特性，加以推论，认为人的智能的发展，也有不同年龄的最佳期，如周岁左右的婴儿不怕水，是学习游泳的最佳期；儿童 2 岁左右，是学习音乐的最佳期；2～3 岁的儿童，即使无人在场的情况下，他也常会喃喃自语，这是学习口语和外语的最佳期，因此最适于教他认字，因文字也是一种图像。

又有人根据婴儿整体认知（即把客观事物当做模式整体一并吸收）的特点，认为婴幼儿不仅可吸收图形模式，还可吸收道德模式，人格模式。这些模式一旦进入孩子的脑里，就会一生中都留下痕迹。

以上种种理论，都还有待研究和印证。但万丈高楼平地起，人的早期教育将是一生发展的奠基工程，这一点是勿庸置疑的。正如乌申斯基所说的那样："人的性格主要是在幼年时期形成的"，"幼年期形成的一切非常牢固，并将成为人的第二天性。"因此家长们要精心于孩子的早期培养。

# 令人伤脑筋的 2～3 岁幼儿

问：

我有一对 2～3 岁的儿女，他们常发脾气，丢碗摔筷，哭闹不休，习以为常。我们耐心说服，但没有用，打呢，又心疼。我们伤透脑筋，不知如何办好，希望您们给予帮助和指导。

答：

我认为科学育儿的关键，首先是把握儿童生长发育的生理和心理特征。

孩子满 2 岁时已经会吃、会走，并能讲许多话了。他（她）们对事物都表现出很大兴趣，什么东西都想弄弄玩玩。这时的孩子正处在情绪急剧动荡时期，非常任性，稍不如意，就会大发脾气，正如你已领教过的那样。这种情况持续到 3 岁时，就进入了儿童"第一期的反抗高峰"，这时他（她）们经常和大人对抗，使父母感到很伤脑筋，难以对付。但这些都是暂时性的，不必为之过分担忧，到接近 4 岁时，一般都会渐渐变得能听大人的话了。

知道了这种发展趋势是否就可以消极等待，听之任之呢？当然不行，我们还应该作积极的诱导。我认为特别要注意以下三点：

1. 正确及时的表扬和奖罚。2～3 岁孩子的哭闹和撒娇，常常是爆发性的。只要一满足他们的要求，或者说上两句夸赞抚慰的话，他们就会得到满足，破涕为笑了。但要注意，有些要求是无法满足或不应该满足的，这就应该坚决拒绝。办法是把他们的注意力引开，或干脆不予理睬；对孩子明显的错误言行，则应及时予以叱责纠正。不过对孩子的奖罚，只能限于言辞声色的表示，体罚是不好的，因为它会导致产生攻击型心理和引起其他种种副作用。

2. 坚持用行动教育孩子的原则。2～3 岁儿童的模仿性很强，他们的好恶和是非观，一般是以父母的行为为标准的。所以父母要坚持以情感和行动来教育子女，不要唠叨或进行空洞的说教。

3. 要注意教育孩子的一致性和一贯性。3 岁左右的幼儿，智能和情感的成长速度惊人。在这个时期里既有着事事都要自己干的独立愿望，又有缠着大人撒娇的强烈依赖性。只要因势利导，就能养成其良好的各种习惯。至关重要的是父母应有一致的认识和统一的步调，前后一贯，持之以恒。

如果能坚持做到以上三点，相信你们的努力是一定能取得成效的。


# 怎样开发 3 岁前儿童的智能


问：

我已成为一个周岁幼儿的父亲了。作为父亲有责任培养儿子，由于平时没有注意学习，不知怎样培养幼儿的兴趣和开发其智力，请给予帮助为感。

答：

3 岁前这个时期是儿童体格生长、智能发育最迅速的阶段。美国著名心理学家布卢姆认为，从 17 岁测得的智力来讲，约有 50％ 是发生在怀孕期到 4 岁之间。你的孩子已满周岁，正处在早期教育的关键时刻。3 岁前儿童的智能如何开发呢？这里谨向您提供以下五点建议。

1. 要抓紧动作的训练。我们不要把智力开发片面地理解为早识字、早算算术……而应当知道，在幼儿智能的发展中，动作的发展占主导地位。因为智慧离不开思维，而幼儿思维的特点是离不开动作的。心理学家皮亚杰说，思维来自动作的内化。因此儿童手、眼、身体的协调动作完成得越早越好，智能也越早萌发和发展。3 岁前儿童智能发展的五个领域中（即大动作、细动作、适应性行为、语言、个人—社会行为），动作就占了两个领域，个人—社会行为和适应性行为中的许多项目也是和动作分不开的，而且彼此还有着有机的联系。就连语言的发展，也是随着婴儿会坐、

会站、会走，逐步扩大了眼界，扩大了对于人和事物的接触交往而不断加速其发展的。

2. 要尽量让孩子动手。动手是儿童思维的外化过程，对幼儿来说，他怎样在做，就是怎样在想。动手的过程也就是动脑的过程，多动手就是多动脑，手上有丰富的神经，它是大脑重要的信息接收器官，而信息的刺激，则是大脑发展的维生素，也是智能发展的催化剂。俗话说，心灵手巧，对儿童来说则是手巧促进心灵，因此，家长应放心让儿童摸这摸那，去玩沙、玩泥、剪纸、叠纸、玩积木或拿着笔任意涂鸦。切不可粗暴地加以干预、禁止，以致熄灭了儿童智慧的火花。

3. 要尽快发展孩子的语言。语言能使大脑获得许多间接的信息，对概念的形成和抽象思维具有重要意义。国外有研究表明，若能训练儿童在一年内学会说话，其智力往往超出一般儿童的 $15\%\sim20\%$。语言训练的主要方法，一是尽可能为孩子提供良好的语言环境。全体家庭成员特别是父母要多多逗弄孩子，有意识地多跟孩子搭话，让他尽量多听，并鼓励他多讲。二是丰富孩子的生活，目的是让丰富的信息刺激儿童的感官和大脑，使儿童时时产生讲述自身感受的强烈要求。2～3 岁的孩子，正处于语言发展的关键期，把握时机，定能取得最佳效果。

4. 适时地为孩子播放优美动听的音乐和唱催眠曲。婴儿出生后 2～3 周，就有了明显的听觉。我国已故青年钢琴家顾圣婴，还睡在摇篮里，心灵的窗户就这样被音乐打开了，并从此与音乐结下了不解之缘，这也是兴趣培养的范例。还应知道，2 岁左右也是孩子接受音乐的最佳期，不可等闲错过。

5. 最后一条总的原则是，以上的种种训练和措施都必须在孩子情绪欢快和谐的气氛中，以逗乐、讲故事和跟孩子一道玩游戏的方式来进行，务要循循善诱，使孩子感到兴味无穷，不能有丝毫的逼迫和勉强，这是至关重要的，若能遵循这个总原则并有耐心和恒心，我们深信，你对孩子的智力开发，一定能取得良好的效果。

# 开掘幼儿潜能的几个重要环节

问：

据说科学研究的成果认为只要是发育正常的孩子都具有成才的潜能。我们作为孩子的父母，想请教一下当孩子还在婴幼儿时期，这种潜能如何开掘，需要掌握哪些主要的具体环节。

答：

诚然如你所知，最新科学研究成果表明，儿童的先天素质固然有一定的差异，但只要孩子的脑和身体发育正常，就都具有成才的潜能。这种潜能是否能得到开掘，主要取决于后天的环境和教育。谁来创造这个造就天才的环境？美国费城人类潜能开发所所长葛兰·道门博士认为在早期教育阶段最主要的创造者是孩子的父母。

的确，在早期教育中，有几个锻炼开发儿童潜能的关键环节，都是父母最便于也必须掌握和控制的。

1. 要尽早让孩子练习爬行。

爬行需要手、脚、眼睛的配合，需要全身的协调，这对于训练儿童神经系统的机能，促进智力发展关系极为重要，所以婴儿爬行越早越多就越好。据科学家在非洲的专门调查，发现有些地区因为蛇多，不能让婴儿及时练习爬行，致使这些地区的儿童智力水平比其他地区要低些。对智力较低的儿童的统计研究也表明，这些儿童爬的功能都比较差。我国有一种很不好的传统习惯，就是婴儿一出生后，就被穿上狭窄的衣裤，还扎上一叠厚厚的尿布，用毛毯或棉被连手带脚裹好，并紧紧地捆起来，像包裹似的仰面放在床上，让他老看着单调乏味的天花板。这样，不仅妨碍了孩子手脚的自由活动和及早爬行，而且影响了孩子的视力训练，对孩子的身心发育和智力开发都是极为不利的。

2. 要让孩子勤于动手。

俗话说"心灵手巧",又说"十指连心",这都是极有道理的。前者告诉我们,儿童的思维特点是情景思维,具有直接现实性,思维来自动作的内化,他怎样做着,也就是怎样想着,你看他东摸西摸,盘这盘那,反复地摆弄玩具、叠纸、剪纸、画画、玩泥、玩沙,就说明他是在不停地想东想西,想这想那,反复地思维,所以手巧就促进了心灵。后者则是从生理学的观点,告诉我们为什么说孩子的智慧在他的手指尖上的道理。原来手上有丰富的神经元,是重要的信息接收器官,它不断地向大脑报告它收到的信息,而信息却是智力发展的催化剂。科学实验证明,在复杂刺激的环境中生活的动物,其能力、智力的水平都比单调环境中生活的动物高。这对于人也是一样,所以勤于动手,就能更多地接收各种复杂的信息刺激,早开智慧之花。

3. 要训练孩子尽早学会讲话和多讲话。

语言掌握的量和质,以及掌握的早或迟,于智力的发展有着直接的关系,因为语言既是交流的工具,也是思维的工具。国外有关专家研究表明,训练儿童在一年内学会说话,其智力往往就比一般儿童超出 15％～20％;反之,许多孤儿院的儿童,由于语言环境极差,几岁还是笨嘴拙舌的,其智力也较为低下。科学史还表明,语言掌握得越好,越深刻,越丰富,思维也就越敏锐,越深刻,越丰富。爱因斯坦认为"一个人的智力发展和他形成概念的方法,很大程度上取决于语言。"这是很有道理的。

# 给孩子讲故事的方法

问:

我的几个孙子总是喜欢缠着我给讲故事,怎样才能满足他们的要求而又能给他们以知识营养？

答：

你的孙子们爱听故事，而且百听不厌，这是他们的天性。幼儿从初生到 5 岁，是智力发展最快的时期，也是他们求知欲的旺盛期。在这阶段，通过给他们讲故事，可以陶冶孩子性格，开启孩子们的智力和思维，从而收到事半功倍的效果。

给幼儿讲故事，首先要考虑合适的内容。鉴于这个年龄层的幼儿心理特点，以童话故事较为合适。故事中的主人公小狗、小猴、小熊，往往使孩子感到亲近。通过这些小动物的故事，帮助他们辨别是非、真假、美丑、好坏，在他们纯洁的心灵中，播下真善美的种子。另外还可以从孩子熟悉的事件或环境中去猎取素材编成故事，引起孩子的共鸣。也可以用拟人的方法讲一些浅显易懂的有关大自然的知识，比如春夏秋冬的来历；万物的生长；宇宙、海洋、大地的形成等。这些都能诱发孩子的好奇心。

要注意，讲故事的形式是多样化的。有看图式：那些有趣的画面，可以帮助孩子理解故事内容，并发挥想像，认识画中世界。有表演式：家长可试用不同的声音、表情、动作、扮相，饰演故事中的不同角色，甚至可以和孩子共同台作，使之对故事产生更浓厚的兴趣。还有直叙式：家长可挑选一些儿歌、古诗、童话小品，读给他们听，使他们从小就对节奏、韵律有所熟悉。应尽量使用规范语音和词汇，多用量词、数词以及生活中常用的连词。为了锻炼孩子的语言表达能力，可教孩子背诵一些短浅的小诗，复述故事，有时不妨将故事留个小尾巴，让孩子自己去补充讲完。

据专家研究，给幼儿讲故事，于每天临睡前为最有益。一个故事，一首小诗可以使孩子带着满足和温暖进入甜蜜的梦乡。当然在平常任何时候，尤其是当孩子无聊或任性的时候，讲故事也往往起到意想不到的效果。

你经常给孙子讲故事，孙子一定会更加喜欢你，对你会恋恋不舍。

# 哭闹——婴儿的语言

问：

　　最近一个多月，我的小女儿特别爱哭，有时甚至一边吃奶一边哭，我束手无策，生怕她哭哑了嗓子，只好不停地抱着她。请问，婴儿好哭闹是不是有什么病？

答：

　　先说个故事给您听。

　　清朝年间，名医叶天士给一婴儿治病。家长说孩子整天哭闹不休，叶天士诊查了一下没发现任何异常。时值初夏，叶天士走到庭院环顾了片刻，顿时恍然大悟。原来他发现院中柳树下有许多俗称"羊辣子"的虫子，挂晒在树上的尿布落有"羊辣子"的虫毛，这样婴儿岂能不哭不闹。他叫这家长给婴儿换上别处晒干的尿布，果然，婴儿很快便停止了哭闹。

　　哭闹，这种婴儿的特殊语言，既是生理需要的表现，有时又是病理变化的反应。当家长遇到婴儿哭闹时，应做细致的观察分析，及时地为孩子"排忧解难"。

　　婴儿的哭闹常见于生理性需要。如饥饿、睡眠不足、衣带过紧、过冷、过热、针刺疼痛、尿布湿了和要亲人抱等。特点是哭闹有间歇性，哭声与平时一样宏亮，面色红润，精神正常，一旦满足其需要和消除不适的刺激后，哭闹便停止。

　　当婴儿的哭闹呈突发性，伴有惊恐尖叫，哭声异常，精神萎靡，面色绯红或苍白，此刻，家长应考虑孩子是否有口腔溃疡、鼻塞；大小便时哭闹要考虑孩子是否患有肛裂和尿道及膀胱炎；哭闹伴有发热，要考虑孩子是否患了感冒。若再伴有呕吐、不思转头、哭声异常，则应注意是否有脑膜炎等疾病。夜啼并伴有多汗，要考虑由各种原因引起的佝偻病、腹痛等。

　　婴儿的哭闹常使有些家长感到费解而不知所措，但只要通过细致的观察和分析，就一定能学会理解婴儿"语言"的含意，相信您能做到这一点。

# 婴儿常听录音机好吗

问：

　　我们有一个还未满月的"千金"，很想把她培养成音乐家，于是经常让她听录音机。最近有人对我们说，这样不好，会害了孩子。我们不知如何是好。很想听到你的指教。谢谢。

答：

　　我先说件事给你们听。有一位年轻的父亲，曾为没满月的宝贝儿子"爱听"录音机而感到高兴，以为孩子有"音乐细胞"。可是，孩子到了4岁，说话还不清楚，万分着急，带着孩子去就诊。医生说这与录音机放出的器械音的危害有关。这位父亲追悔莫及。

　　这位医生的判断是有道理的。婴儿发音如何，主要取决于生物因素与环境因素的相互作用。神经生理成熟到一定程度时，教育、训练等环境因素才能对发育起促进作用，而不利的环境因素，则对发育起危害作用。录音机、电视机，还有缝纫机、吸尘器、汽车发出的器械音，对婴儿的发育来说，就是起危害作用的因素之一。

　　婴儿越小，环境因素的影响就越大。一旦婴儿对器械音出现了强烈反应，对"人本声"的反应就会减弱。"人本声"（尤其是母亲的声音）对婴儿是有镇静作用的。"人本声"对婴儿的智力发育也有益处。婴儿只有通过与"人本声"的交流，慢慢才能学会讲话。如果对"人本声"的反应弱了，将来就可能出现"说话晚"、"说话不清楚"或者发"怪音"的毛病。

为了保护婴儿不受器械音的危害，请你们不要让婴儿，特别是从出生至 8 个月的婴儿听电视机、录音机播放的歌曲，不然的话，将来很可能要付出昂贵的代价。

用"人本声"唱一些忧美的歌曲给孩子听吧！

# 为什么不能把电视机当"保姆"

问：

我们是双职工，只好把 4 岁的女儿托咐给她奶奶。奶奶为了脱身，常常让她坐在电视机面前。电视机成了孩子的保姆。我们明知这样不好，可讲不出道理。你能把这道理讲给我们听吗？

答：

把电视机当保姆，确实不好。

电视机有所谓"非响应性"特点。即电视里的一切镜头对于观众的一切反应、感受是毫不相干的。而幼儿总以为屏幕上面对观众的人物是在同自己说话，因而会做出种种反应，然而电视中的人物始终对他不理睬，时间久了孩子就会对人的声音、语言、表情不再关心。特别是正在蹒跚而行、呀呀学语的婴儿长此下来，会影响语言的学习和智力的开发。因此，过早地让婴幼儿久看电视的做法是不好的。

另外，电视荧光屏上声光不断明灭，镜头急速变化，会让幼儿处于抑制状态或兴奋状态，使精神受到控制。儿童长时间看电视，实际上有时处在催眠状态。做父母的切不可认为电视一开孩子不吵就是好事。

# 怎样训练婴幼儿说话

问：

我们的小宝宝呀呀学语了，我们很想训练孩子早一点能和人交谈。请问，该怎样训练才好？

答：

1. 从环境中教。家庭是婴幼儿的主要环境，家里的日用品如电灯、桌椅、衣柜、床等，是小孩朝夕相见的实物，先教孩子知道名称，后教它们的简单用途。

2. 从游戏中教。游戏是婴幼儿的主要活动方式。一方面同他们说，一方面伴之搭话，随着搭话的内容逐渐加深，从单词到简单句，再到复合句，最后从三言两语到简短故事。

3. 从生活中教。周岁左右的婴儿，生活全靠大人照料。在照料过程中，随时搭话，让她在生活中有具体形象的学话条件。如喂奶时，指着奶瓶说："这是奶瓶。"1岁半后，生活由被动到主动，搭话内容要逐渐加深。

4. 从情景中教。寻找情景或创造情景教婴儿学话，也是行之有效的。如在马路上看到汽车，指着汽车说："这是汽车。"在与人告别摆手时，告诉孩子说："再见。"

以上几种方法，应是随机交错进行。教法宜分散而不应集中，教的内容应少而精，时间宜短，次数宜多，力求反复，让婴幼儿在愉快的情绪中接受语言刺激。

# 从小矫正儿童语言障碍

问：

　　由于受别人的影响，我儿子有时说话结结巴巴的。我和妻子费了好大的劲，也没能纠正儿子口吃的毛病。我们越急，他说话越结巴。如果我儿子真的成为一个结巴子，那可怎么得了？请问，小孩子口吃的毛病有法治吗？

答：

　　语言障碍，医学上称为"口吃"，俗称"结巴子"，常见于 3～11 岁儿童节律性障碍。

　　儿童口吃并没有什么先天性缺陷，大多数是模仿成人或小伙伴的口吃而成，少数是由于教育方法欠妥，孩子受到惊吓，精神上受到创伤，或由于患脑炎、白喉、麻疹等病的后遗症。其机理是企图发音时，呼吸急促，发音器官痉挛，说起话来就结结巴巴，而且越急越口吃。儿童口吃，只要大人耐心诱导和训练，可逐渐消失，持久性口吃则宜积极矫治。

　　矫治的最好时机是学龄前，指导儿童背诵简单的顺口溜、童话及歌谣，及时鼓励表彰其进步，以缓解其紧张心理，无论在任何情况下不能给

予训斥和耻笑。具体说来可采纳下面的方法：①不准孩子继续模仿或故意学舌口吃，要求孩子说话尽可能慢一些，想好了再说；②引导孩子说话时稳定情绪，不要紧张和激动，慢慢地把要讲的事情说完；③确保儿童按时作息，并有足够的睡眠时间；④家长听孩子讲话时，不要显得紧张，和孩子讲话时不要语急，同时，鼓励孩子树立信心，训练好朗读和大声讲话；⑤在家庭中要造成一个安静和睦的气氛，让孩子有节奏地唱唱歌，分散注意力，使孩子容易明确地、顺利地讲出自己的话来。

# 为什么要让幼儿用筷子吃饭

问：

　　由于迁家，我的小孩转到了另一家幼儿园。这家幼儿园不让孩子用调羹进食，而要用筷子。可我的孩子一直用的是调羹进食，很不习惯。这是为什么？

答：

　　这家幼儿园这样做，是有道理的。

　　用筷吃饭是我国人民的传统进膳方法。

　　用调羹还是用筷子进食，这里头有一个幼儿智能训练的问题。

　　培养幼儿及早正确用筷进膳，可以训练幼儿手指，尤其是指端的感觉与动作上的协调性与连贯性。俗话说"心灵手巧"，凡是手指与指端的动作灵活的幼儿，他们的智力发育也较好。

　　因此，及早训练幼儿用筷进膳是培养幼儿通过手指的灵敏感觉，增进健脑益智的简单可行的方法。

# 孩子突然不愿上幼儿园怎么办

问：

我的小儿子今年 3 岁，刚上幼儿园。前几天很高兴地去上学，不知怎么的，一周以后突然不愿上学了，一提起上学就哭闹，耐心说服也不管用，打又心痛。不知如何是好？希望能得到你们的帮助。

答：

小儿一时不愿上幼儿园，这本是常有的事，可千万不能采取强压硬逼甚至打骂的做法。这种做法暂时似乎也能解决问题，其实留下的隐患——造成孩子害怕学习的情绪，将是很难消除的。

孩子不愿入园的原因一般有两个。一是舍不得离开亲人和自己熟悉并习惯了的环境；二是对幼儿园里的老师、同学以及新环境感到陌生和不习惯。

孩子高高兴兴地入园几天后，忽然不想去了，其间总有个变化过程。如果是早起床、吃饭、睡午觉、穿衣、饮水、撒尿、拉屎等适应不了，就该逐项进行训练。但是最重要的，我认为是训练孩子与老师和小朋友交往、相处的能力和习惯。学会回答老师的问话，有困难时敢于向老师反映并请求帮助，更要学会与小朋友们互相交谈、共同游戏、友好相处的技能。当然这不是短时期就能训练得好的，重点是先让他懂得常用的词语和一般的交往方式。如说"老师，您好"，"老师，再见"；和小朋友在一起会友好地问对方叫什么名字，及邀请对方一起玩，等等。训练的方式主要是有意识地进行。如带孩子拜访幼儿园的老师，请邻居和亲友已入园的孩子到自己家里作客，跟自己的孩子交朋友等。关键在于要使孩子不"认生"，能活泼大方地跟家庭成员以外的人独立交往，一俟不愿入园的原因基本消除，就可送孩子再次入园了。

# 孩子识字为什么这样难

问：

我家有两个小孩，一个 4 岁多，一个 1 岁多。老大按道理该进幼儿园中班，可是由于我们经济收入低，买不起自行车，我们家离县城又远，光靠大人背送，往返困难，因此只好由我教他识字。哪知道，教一二遍时，他还高高兴兴地读，教几遍就不吭声，并且眼泪吧嗒吧嗒地往下流。

小孩识字为什么这样难？请问应用什么办法教育孩子。

答：

你的来信，字里行间洋溢着父母对子女的早期教育的高度重视、备极关怀的激情。这里提三点建议供你参考：

1. 生理学研究表明，人的大脑细胞约有 70％～80％ 是 3 岁以前形成的，智力水平也一半是 4 岁前形成的。你的孩子正处在进行早教育的关键时期，抓紧教育培养是完全必要的。在智力的开发上，应着眼于注意力、观察力、记忆力、思维力、想像力，以及语言表达能力，特别是动脑、动手能力的培养，不能只局限于识字和运算能力。此外还要着意培养他们学习的兴趣、求知的欲望和良好的学习习惯。

2. 鉴于 4 岁左右正是儿童对图像感知、识别的最佳期。文字也是一种图像，因此，这个时期，如果善于诱导，以游戏的方式，密切联系生活实际，让儿童从认识一些生活中的常用字词，如人、手、刀、尺、车、马、水、火之类的名词和哭、笑、走、跑一类的动词开始，还是切实可行的，也易于取得较好的效果。当然在识字教育中，还应注意儿童对词意的理解。

3. 至关重要的是进行教育的方法问题。你们的孩子认字的过程不是从还高高兴兴地读到渐渐不吭声，甚至于眼泪巴巴的吗？这正是教育方法不当的明证。鲁迅先生说得好："孩子的世界，与成人截然不同；倘不先行理解，一味蛮作，便大碍于孩子的发达。"须知对幼儿的教育方法，就是不能正儿八经地像对待成人那样，而应当在游戏中教，在教中跟他一道玩玩游戏。比如看图识字、玩牌认字、比赛写字等都是行之有效的。19 世纪初，举世闻名的德国老威特教子成才的主要经验之一就是对孩子"不能强迫着教"。不管教什么，老威特总是首先努力唤起孩子的兴趣后，才开始教。比如他教小威特读书、认字时，是先将小人书和美丽的画册给孩子看，再把其中有趣的故事绘声绘色地讲给他听，然后对他说："如果你能识字，这些故事你都能明白。"有时则干脆只说："这个画册上的故事有趣极了！可惜爸爸抽不出工夫给你讲。"就这样唤起小威特对识字的浓厚兴趣。这些经验我们可以结合自己的实际情况加以消化、揣摩、创造、运用。

# 教幼儿认字写字贵在得法

问：

我有一个女儿，从 3 岁时我们就教她识字写字，当初教她的字至今未忘。可现在已经 5 岁了，反而不如从前。就是一周教她认一个字，她也记不住。就写字来说，她原来每天写 10 个字（每字写一排 16 字），后减到 8 个、5 个直至现在的 2 个。而且一字不如一字。平时叫她写字时，有时要跟她许愿，有时，还得施加一点压力，不管用多少办法，可没有一点收效。特向你们请教。

答：

你的孩子刚学认字时效果尚好，而现在为什么却每况愈下呢？具体原因，只能由你作仔细观察，具体分析。但就一般情况来说，问题则比较明显。孩子刚接触到一种新鲜事物时总是有一种新奇、神秘感和积极探索的兴趣，你的女儿刚学认字写字时也正是这样。这时，家长和老师，如能因势利导，循循善诱，使之在从事这种活动中，内心的需要上得到满足，精神上感到愉快，这种兴趣和爱好就能巩固和加深。反之，如果内容方式上老一套，孩子遇到困难得不到及时的帮助，付出了一定的努力却不能取得成功，甚至还遭到不应有的嘲讽和斥责，原先的新奇感消失了，随之而来的就是痛苦和厌烦。这样一来效果当然就大不如前了。你女儿的情况，大概与此相似吧？解决的办法：

1. 还是要从寓教于乐方面多动脑筋。千万别再强迫她每天 10 个字 8 个字地完成一定的任务了。这样做的目的，主要是先得消除她对认字写字已明显表现出来的那种厌恶情绪。你不妨花点时间，把她过去认过的字，每字写它四张，集十四字为一副（每副 56 张），制成若干副扑克牌，干脆领着她玩玩各种扑克游戏。这副玩熟了再换另一副，而且有"吹牛"、"找对子"……种种花样，一种花样玩腻了另换一种花样，让她玩得高兴，在游戏中对过去学过的字无形作了个阶段性的复习巩固，这就是寓教于乐。

2. 写字的难度一般比认字大些，这是因为学龄前的孩子，手的小肌肉还不十分发达，但玩牌玩得入迷后，就可循循善诱，把不断制做新牌的任务逐步交给她去完成。新牌的制作，要求力所能及地做到精致美观。色彩对孩子的诱惑力是很大的，孩子用彩色写字一般比用黑色写字劲头要大得多，这里大有文章可作，你不妨先引导孩子用彩色来写牌上的字，并作点美术加工，顺便又可给孩子讲一点调色用色的知识，这还可为孩子的学画作点准备。

3. 我国汉字的特点，是以象形字作基础的。书画之间本来就有许多相通之处，不少有绘画爱好的孩子，一开始习字，就有匀称整洁美观的特点，与平常儿童大不相同，因此建议你在引导孩子制作扑克牌的过程中，有意识地让孩子开始学点美术，书画并举，一旦引上了正路，它与习字会产生相辅相成的功效，让孩子终生受益。

4. 为了辅导孩子更有效地认字习字，我们做家长和老师的对于有关汉字音、形、义的一般常识，特别是部首和汉语拼音，不能没有必要的学习，否则只干巴巴地教孩子认字写字，这也是使孩子感到厌倦的重要原因。

# 怎样教孩子写数目字

问：

我的孩子已满 2 周岁，为了对他进行早期教育，我们想从教他写数目字开始。一个月来，我们费了九牛二虎之力，但效果不佳，孩子学写数目字的兴趣越来越小。为此，特向您请教，该如何提高孩子学写数目字的兴趣呢？

答：

怎样教孩子写数目字，您不妨按下面的几个步骤试一试。

1. 给孩子一些书写工具，如粉笔、铅笔、软笔、毛笔等，让孩子开心地、自由地乱涂乱画。五颜六色的彩笔更好，容易引起孩子的兴趣。

2. 待孩子乱画有了一点谱，如划一道直线能控制长短，画曲线比较连续，或能将曲线封闭起来时，可以给孩子提一些要求："画一根长线线"，"画一根短线线"，"画一个圆圈圈"。

3. 教孩子认 1～10 数字的特征，将 1～10 数字的形象编成儿歌。如：1 像铅笔能画画，2 像小鸭呷呷呷，3 像耳朵能听话……当然，这些并不要孩子死背，如果孩子说："1 像一个果丹皮"，当然可以，目的是把 1～10 数字的形象印在孩子脑子里。

4. 手把手地教孩子写。最理想的书写工具是粉笔，在水泥地板或黑板

上写都行。这一步，父母要有相当耐心。起初，孩子可能不听父母那一套，别急，坚持每天做一下，一边写一边念："1像铅笔能画画……"半个月后，情况就不同了。这一步主要是让孩子初步体会如何运笔。

5. 鼓励孩子独立写。不要怕写得歪歪扭扭，不像也没关系。由简到繁，先突破1、7、2、10等。对孩子写的数字要鼓励，以表扬赞许为主，同时提出要求。

6. 用做游戏的形式反复诱导孩子作重复训练。①比赛：看谁先能写完1～10数字。②插红旗：在孩子写得好的数字旁画小红旗，给予鼓励。③教妈妈：妈妈假装不会，让孩子教。

# 怎样培养孩子写好钢笔字

问：

我的小孩读初中一年级，学习成绩尚可，只是一手"鸡爪"式的钢笔字令人摇头。我曾规定他每天写一页钢笔字，但他练了一段时间，进步不大。请问编辑同志：怎样才能使他写好钢笔字呢？

答：

从1809年美国人沃特曼发明了钢笔，人类的书写节奏越来越快。如今凡是稍有文化者，大都用钢笔写字。把字写得正确、清楚、美观、易读易认，已成社会的需要，生活的需要。

怎样才能练好钢笔字呢？

首先，是选择好适合自己小孩的字帖。一般说来，中小学生先从楷书入手较好。因为练好了楷书就好比做房子有了牢固的地基一样，对以后练习行书和其他书体都会有直接的帮助。

选帖时家长一定要注意选择一本与自己小孩现在所写字体相近的字帖，这样可以扬长避短，达到事半功倍的效果。如果硬是让孩子照某一种字帖临写，势必把他们熟悉的一种字体丢掉了，到头来花了很大气力也没有写成功，这样就没有达到练习的目的。

其次，是正确指导小孩临帖。临帖，人们往往笼统地称为"临摹"。实际上，"临"与"摹"是两种不同的练习方法。临就是将字帖置于桌前，仔细观察字的形态、结构、笔画，领会其精神，真正弄清楚每一笔画的来龙去脉，再下笔仿写。摹则是用薄纸蒙在字帖上，随字的大小，线条的粗细而把它描写下来。临帖容易掌握字帖的笔意，而往往把不准写的结构位置；摹则易得其结构位置而往往失其精神。我主张还是以临为主，不排斥摹的练习。练习钢笔字，要把临看做是登堂入室的钥匙，是打基础的第一步，也是很关键的一步。临的次数越多，体会就越深，基础就越牢固。临的过程中最重要的是摄取字帖的精神，做到眼到、手到、心到，眼准手巧，眼睛看到的，笔端都能够表达展示出来。不要一味追求临帖的速度，力争做到对每一笔画认真揣摩，这样日积月累，长流水不断线地练，钢笔字一定能够写好。

经过一段时间的临帖练习后，要培养小孩进行默帖练习。即离开字帖，头脑里还保持着某种字的形象，背记帖中的某一笔画，默写帖中的某一个字，有时也可以进行在空中"画空"或在手中"书空"的练习，这样就能真正学到一种字体了。

最后，在临帖的过程中还要注意书写的姿式和正确的执笔方式，并列出练习钢笔字的计划等，这样有目的地练，一定能使您的小孩写出一手漂亮的钢笔字。

# 怎样辅导孩子背诵

问：

我的孩子读小学四年级，经常为完不成语文老师布置的背诵课文的任务而苦恼。请问：我们做家长的应怎样对孩子进行辅导呢？

答：

背诵对孩子们来说，往往是一种沉重的负担，许多孩子常为不能按时背出而犯愁，求助于家长。我们做家长的应该怎样对孩子进行辅导呢？我认为要在理解背诵内容的基础上反复诵读，才容易背出。要辅导孩子掌握多种背诵方法。根据课文中的实际（内容、特点、篇幅等）和自己的实际（知识、能力、兴趣等）情况，选用科学的方法，就能背得快，如：

1. 人物法。就是记住文章中依次出现的几个人物，这样忆人思情，忆人思言，就能加快背诵。

2. 排词法。就是押要背内容的关键词语，尤其是表现人物形象的动词，根据次序排列起来，就能看其词而琅琅地背出了。

3. 关联法。就是找出要背课文的一些关联词，明白前后句子间的关系，然后读上几遍，就容易背出了。

4. 关系法。就是背诵前，弄清文章上下文的结构关系，是先总后分，还是先分后总；此外还有动静关系、事物与联想，等等。

5. 提纲法。就是对要背内容，列出一个简单的提纲，根据提纲进行练习，提纲挈领，就容易背了。

6. 时空法。记住要背内容中表示时间或空间（方位）顺序的词语，掌握了时空变化的文情，就容易熟读背诵了。

7. 情节法。就是记住要背文章的故事情节，心里有了那些小说、故事之类的起因、经过、结果等具体情节，据情节而背，即可化难为易了。

8. 想像法。就是对要背的内容进行合乎情理的想像。

此外，还有情境法（创设情景，根据情境背）、对比法（把对比部分找出来，抓住对比背）、问题法（提出几个问题，根据问题答案的顺序背）、图表法（按次序绘成图表，然后按图表背）、引背法（运用语言、行动、神态，请另一人在旁引发背）等。

如能辅导孩子综合运用以上多种方法背，就更能加快速度。

辅导孩子背诵要学会记忆方法。根据背诵内容可选用：

1. 反复记忆法。对背诵内容的重点或难记难解部分，反复吟诵，进行强记。

2. 并用记忆法。对背诵内容，眼看、耳听、口诵、手写，运用多种感官记忆。

3. 交替记忆法。在练习背诵时，把几方面的内容交替吟诵，也能加强记忆。

4. 抄写记忆法。对背诵内容，边抄边记，边记边背；或者抄好制成卡片，贴在墙上桌边，经常熟读，能加速记忆。

5. 韵脚记忆法。对要背的古诗、现代诗、优美的散文诗，可找出韵脚，就能琅琅上口，永记不忘。

愿您的孩子通过辅导，把背诵当做一件乐事，在背诵的过程中享受无限的乐趣。

# 儿童为什么要学五线谱

问：

我的儿子今年 5 岁，从小喜爱音乐。最近我们请老师教他学习小提琴，老师要求他从学习五线谱开始（我们教孩子学的是简谱）。请问：为什么儿童一开始要学五线谱呢？

答：

　　许多国家教育的经验证明，4～6 岁的儿童，音乐方面的才能已经开始显露，易于接受音乐方面的各种训练。中国儿童是很聪明的，在这时期开始学习五线谱不仅是可能的，而且还应提倡。简谱虽然比较简单，在普及音乐知识方面，也有一定作用，但对正规的音乐教学来说，是不够完备的，也有欠科学的地方。简谱的使用已逐渐成为史料，目前世界音乐艺术

交流均用的是五线谱，用简谱的几乎只有我们中国了。"以五线谱取代简谱"已是历史发展的必然趋势。从学龄前儿童开始就学习五线谱，这对我国音乐教育事业的发展，具有深远的意义。

学龄前儿童学习五线谱，存在一个"怎样学"的问题。在一般人看来，认为五线谱不好学，不好记，容易忘。从实践中得出的经验，我认为学龄前儿童学习五线谱，必须结合学习乐器进行。这样既能达到直观教学，又能解决"学用一致"的问题。边学边用，边用边巩固，久而久之，就能熟练自如了。否则，就会如同学习外语，"学了不用，边学边忘"，既不能持久，更谈不上掌握运用。学习的乐器，最好是钢琴或电子琴（四组以上键盘），因为这些乐器的练习琴谱都是五线谱，孩子们要在琴上动手指首先就得学会看琴谱。因为电子琴的训练及演奏，必须做到两眼视两行谱，通过十指把谱上的音符迅速灵敏地演奏出来，两耳要听音准，节奏快慢、力度强弱、表情记号等，都必须同时兼顾，这样眼、手、耳并用且要达到协调一致，是对儿童进行智力开发锻炼的最好方法。

愿你的孩子经过音乐训练，成为一个聪明可爱的孩子。

# 如何对孩子进行音乐启蒙教育

问：

我的独生女莉莉，今年5岁。她聪明活泼，尤其喜欢听音乐，我们夫妇俩很想使她成为这方面的专门人才，但苦于缺乏辅导能力。请问我们该如何对女儿进行音乐启蒙教育呢？

答：

就你提出的问题，我们专门走访了中国音乐教研会秘书长李婉茵同志。

"先要选择一个好老师!"这是李秘书长与记者谈如何对孩子进行音乐启蒙教育的第一句话。她说当前越来越多的家长希望自己的孩子具有音乐专长。许多艺术学校也根据家长望子成"龙"的需要应运而生,但其中也不乏滥竽充数之人,尤其是钢琴、小提琴,技巧性强,难度大,择师尤为重要。因此,要选择自己熟悉了解的老师教孩子,并且要是专业老师,不熟悉的老师要多听听行家对他的评价。否则,只知送儿女去学,殊不知恰恰适得其反。北京就发现拉二胡的老师教钢琴,造成儿童指法僵硬的不好习惯,误人子弟,应引起家长注意。

李秘书长还告诉记者,现在许多家长认为学钢琴、小提琴年龄越小越好,其实不然。应根据儿童发育情况好坏而定,学管乐年龄大些好,学钢琴、小提琴一般要5～6岁,若再小,手指就没有劲,势必造成手腕、胳臂用力的不良习惯。小孩子应多听听音乐,培养孩子的听力。再者,还要根据小孩气质、天赋、兴趣,不具备音乐才能不要强迫。学琴也不要操之过急,急于求成,容易造成儿童心理负担。有个不到10岁的孩子,就因精神负担过重,成为精神病患者,一说起或看到钢琴就发病,教训非常沉痛,望家长们引以为戒。

以上这些可供你参考。

# 一般儿童不宜提前入学

问:

我的孩子今年已满4周岁。今年以来,我们对他进行了一点文化辅导,可以数100以内的数,认识七八十个汉字,会算十位数以内的加减法。本学期他看到邻居7～8岁的孩子上学了,便主动要求上学。这使我们感到左右为难:让他上学吧,怕他受不了小学的正规化教育,影响了身心的发育;不让他上学吧,又怕挫伤了他的学习积极性。现在他自己上学去了一个多星期。据他的班主任反映：这孩子在数学口试中，比7～8岁的孩子反应快、准，识字能力跟其他同学也不相上下。请问敬爱的编辑同志，我的小孩该不该让他上学？怎样使他从小对学习有浓厚的兴趣？

答：

你刚满4周岁的孩子就主动提出上学的要求，这种对学习的向往和兴趣，是值得珍惜和鼓励的，你正该抓住这个好苗头，因势利导。但是重视早期教育并不意味着要孩子们都越过幼儿园的教育阶段提前进入小学。你的孩子目前已能数100以内的数，并认识了七八十个汉字，这现象固然可喜，但还不能说明他已具备了适应小学正规化教育和学校生活的条件。你的担心也正跟我们考虑的情况一样。

联合国教科文组织曾于70年代至80年代初，对139个国家和地区的儿童入学年龄作了调查。调查结果表明，随着初等教育以至中等教育在大多数国家的普及，各国小学生的入学年龄均在5～7岁之间（只有蒙古一国入学年龄为8岁）。

你的孩子正处在上幼儿园的阶段。幼儿园的教育任务，主要是为进入小学打好基础，其内容与要求包括生活卫生习惯、体育活动、思想品德、语言、常识、计算、音乐和美术等八个方面，这些规定给我们家长和幼教工作者指明了方向，保证了幼儿教育的科学性、系统性和计划性。单就智育的任务来说，它是着重开发幼儿的智力（即发展幼儿的注意力、观察力、想像力、思维力）和发展他们的语言，培养幼儿学习兴趣和良好的学习习惯。识字、写字的任务，一般是进小学后才从头开始的，幼儿园阶段的生活学习与小学是有很大区别的。幼儿园阶段虽也有上课的活动，但时间和节次都较少，而且是以游戏为主的，游戏中对孩子的要求很低，玩什么，怎么玩，玩多久，一切都由孩子的兴趣而定。而在小学里，孩子的主要活动则是学习，孩子与孩子的关系，也不再只是玩耍的伙伴而是同学了。小学的学生要在老师的指导下系统地学习知识，培养智能，掌握行为规范，必须完成规定的教学任务，遵守学校的规章制度，就不能像幼儿那样轻松自由了。

一般说来，孩子脑细胞的发育，约在6周岁时才完成。儿童生理学专家认为，儿童早期过度用脑对生理、心理都有不良影响。经验证明，许多入学太早的儿童，不少人跟不上班，且身体瘦弱，发育不良。6岁以下的幼儿生活自理能力也很差，过早入学就容易产生上课听不懂，学习上逐渐掉队；精神上感到紧张疲劳；不能适应；游戏时间减少了，感到生活缺少乐趣，从而逐渐厌恶学习，讨厌学校生活，招致拔苗助长欲速不达的恶果，这对孩子本人和《义务教育法》的推行都很不利。

当然，以上所述，只是就一般情况而言，如果你的孩子经过学校和老师们的缜密观察、研究、分析，认为确实具备了提前进入小学的某些条件，学校密切配合，准备有计划有目的地开展某些实验和探索，那么这一切自然又另当别论了。

# 怎样才能使孩子学习得好

问：

我的孩子上初中二年级了，学习成绩平平，看来读高中都很困难。怎样才能使孩子学习得好？能不能告诉我一些这方面的知识？

答：

要想搞好学习，很重要的一点，是要有一个最佳的心理状态。而要维持学习的最佳状态，关键是抓好以下几个环节：

1. 动机。这是学习的动力。明确学习意义是增强学习动机的最基本方法。当然，动机的强度还要适中，太弱会使人提不起精神，过强则会使大脑处于极度兴奋状态。前者无法坚持学习，后者降低学习效果。

2. 自信。这是学习成功的起点。要善于根据自己的实际情况，确定适宜的期望目标，才能在成功感的推动下，树立起自信心。

3. 兴趣。这是最好的老师。兴趣是学习的一种稳定持久的促进力。兴趣能使人长期学而不倦。

4. 好奇。这是人类的美德。也是产生兴趣的源泉。好奇心泯灭的人，心灵是闭锁的，既无法产生兴趣，也不能形成激情。在好奇促使下发展起来的求知欲，是学习上永不枯竭的动力。

5. 注意。这是心灵的窗户。被注意的事物或知识，能引起大脑最清晰最准确的反映，取得最佳的学习效果。注意力高度集中会使人出现对其他事物视而不见、听而不闻、食而不知其味的最佳学习境界。

6. 愉快。学习的加速器。愉快情绪能极大地提高学习效率，排除忧伤、烦恼，保持愉快欢乐的情绪，学习起来才会轻松自如。

7. 毅力。这是学习成功的关键。良好的意志品质是坚持学习的根本保证。培养毅力首先要确定学习目标，还要制定学习计划，严格约束自己。

# 良好学习习惯须及早培养

问：

我常看到有些孩子做作业时三心二意，拖拖拉拉，家长感到十分烦恼。我的孩子今年就要上学了，怎样才能避免这种现象呢？

答：

新学年一开始，便有许多孩子要进入小学了。摆在家长面前的一个至关重要的问题，是要培养孩子的良好学习习惯。

习惯，是由于多次重复或反复练习而巩固下来并变成需要的行动方式。从生理机制方面说，它是一种后天获得的趋于稳定的条件反射。俗话说"习惯成自然"，人的某些动作经过反复练习才能成为自然的需要。俄国教育家乌申斯基说过："良好的习惯，是在他的神经系统中所储存的道德资本；这个资本不断地在增殖，而人在其整个一生中就享受着它的利息。"因此，培养孩子良好的学习习惯是促进孩子提高学习自觉性，形成优良个性品质的重要前提。

从幼儿园到小学，孩子以游戏为主的活动就转变到以学习为主的活动轨道上来了。家长能否帮助孩子适应这一转变，是儿童能否养成良好学习习惯的关键。

进入小学，良好的学习习惯主要表现在专心学习，及时复习，生活有规律，按时完成作业。家长可从这些方面有计划地对孩子进行引导和训练。例如，孩子一上小学，家长可以考虑这样安排孩子晚间活动：晚餐后，玩上几十分钟，然后坐下来聚精会神做功课，半小时后可休息十分钟，待做完功课便可预备就寝了。在做功课时，应要求并督促孩子全神贯注，不讲话，不分神，不吃东西。要做到这一点，须让孩子反复练习。使孩子既会玩又会学，玩起来玩个痛快，学起来学个扎实。坚持这样练下去，良好习惯就能养成，家长也就再不必为孩子做功课的事而烦神了。

此外，为了让孩子养成良好的学习习惯，家长还要为孩子创造良好的学习环境。良好的学习环境、耐心的教育和孩子的反复实践结合起来，是使儿童养成良好学习习惯的可靠保证。

# 80分可能比90分还优秀

问：

我女儿的成绩在班上属中上等。可考试成绩有时能得90多分，有时又只有70～80分，时好时差，时差时好，总不稳定。平时问她吧，她又说都懂，没什么困难。请问这是什么原因？

答：

孩子经常参加考试，得分往往不相同，有时甚至差异较大。家长应怎样理解孩子的每一次得分呢？这里面确实还有一点学问。

90多分一定比80多分强吗？回答是既不能肯定也不能否定，而要根据具体情况考虑。

首先要考虑常模团体的情况。考试的所有参加者称常模团体。考试分数只有跟一定的团体相比较才能获得其意义。若上次考了90分，但班上有近半数是90分以上；而这次考了80分，可班上最高成绩也只80几分。那么这个80分就比上次的90分优秀。反之亦然。

其次要考虑分数的不等值性。在考试中，科目的不同，难度的差异都造成分数的不等值。因此，家长不能简单地认为孩子分数的不同即是进步与退步的表现。

最后，家长还应注意分数的真实性。如果孩子的分数是其成绩的真实反映，那么只要孩子的学习态度好，偶得低分，也不必多加指责。但如果是作弊得来的高分，家长却予表扬、夸赞，则会助长其侥幸心理，甚至导致道德品质的堕落。

总之，对待孩子考试成绩的变化。要注意既不使孩子失去信心，也不使孩子掉以轻心，要始终保持孩子旺盛的进取精神。


# 只有细致耐心教育，才能去掉孩子粗心的毛病


问：

我们的独生子，正读小学一年级，我们对他虽有些溺爱，但在学习上要求却特别严格，除了独立完成学校的学习任务外，在家里还给他布置了一些课外作业，孩子做的也都正确无误。但近来发现孩子在学校做的课堂作业，却粗心得出奇，总是把加减法运算搞错，不是把加法做成减法，就

是把减法看成加法，有时甚至反复多次才能做对。我们采取过粗暴的打骂，也进行过耐心的说服，但都无效果，真把我们搞得焦头烂额，所以才写信向贵报求教。请问用什么办法才能使孩子改正粗心大意的毛病？

答：

你刚进小学一年级的孩子，除了能独立完成学校的学习任务外，还能在家里正确无误地完成你们给他布置的一定量的课外作业，这的确是难能可贵的。至于你们最近发现他在学校做算术作业时，常把加减法的运算搞错的问题，我们的意见是要与孩子的老师取得密切配合，冷静、耐心、细致地作具体分析，先找到具体原因，再对症下药。千万不能粗率笼统地归结为"粗心得出奇"，老是喋喋不休，空洞说教，甚至大加斥责。这样做，与其说是为了孩子的"粗心大意"，还不如说家长对孩子教育上的"粗心大意"！

首先我们应知道孩子在学校课堂上做练习与在家中完成课外作业时的情况是很不相同的；课堂上时间有限制，气氛较严肃，孩子心理负担重，神经相当紧张，加之要求一位老师对全班几十个学生都做到恰当而及时的辅导，事实上也确实有困难，这些都是孩子的课堂练习较易出现差错的原因。

其次再就孩子的主观方面分析，计算出现差错的原因往往是：

1. 孩子对基础知识、基本技能的掌握还不够熟练。你无妨多倾听一下孩子的叙述，跟他一道分析一下错误的原因，再把这些错误分别归类，有针对性地让他专门做一些纠错的基本练习，比如说加减法爱出错，就经常练一练20以内加减法（口算）；进位加法爱出错，就多做些$99+11$；$88+22$；$77+33$；$66+44$之类的练习；退位减法爱出错，就多做些$10-1$、$10-2$、$100-99$、$100-88$之类的练习，反复练习，以期达到熟能生巧的效果。

2. 计算中经常出现的差错，还与孩子没有养成一个良好的学习习惯有关。为此一定要培养孩子平时认真看题、抄题，认真计算、认真验算的好习惯。这要靠平时的检查督促，决非一日之功。比如有的孩子常把"7"

看成"1"，"6"写成"9"，"＋"看成"÷"；有的孩子计算时演算满纸乱画毫无次序，不便复查，特别是验算的习惯一般孩子很难完成。比如你的孩子做减法时一定要让他用加法来验算；做加法时让他用减法来验算，题目宁可减少一些，但验算这道工序却万不能省。

3. 计算中经常出现的差错当然也跟孩子的气质和性格有关，这就是因质、因材施教的问题。关键是通过形象生动的讲解，特别是典型的事例和故事，加深孩子对"粗心大意"危害性的认识，引导孩子去自觉克制。


# 拔苗焉能助长　科学可以催生


问：

　　现在许多家长为了让自己的孩子成才，尽量在学龄前教自己的孩子一些知识，有的教认字、数数、背诗等，有的甚至就让幼儿园孩子开始学小学一二年级的课本，但也有些家长则认为这样做的结果，会使得那些小孩形成"夹生"的情况，反而不如不教的好。以上两种对待学前儿童教育的态度，究竟哪一种更有道理？希望得到解答。


答：

　　我有一个 2 岁零 3 个月的小男孩，他每天可记三到五个汉字，从 1 岁 9 个月开始，我工作之余就教他识字，每次识字的时间是 5 至 10 分钟，现在他已识字 350 余个。有人说，这孩子是天才，将来一定有出息；可也有人说，孩子未到学龄，过多地教他识字，会对他大脑发育带来不良影响。不久前，偶然看到《人造天才搞不得》一文，我担心了。是坚持教下去还是停止？主意不定，特专函向您请教。

答：

你们的来信，都涉及到一个共同问题，即早期教育和揠苗助长的区别问题。我们主张积极而慎重地对孩子进行科学的早期教育，但反对那种单纯从望子成龙成凤的主观愿望和急躁情绪出发，违反儿童身心发展规律的揠苗助长。这两者如何加以区别呢？这里仅就开发儿童智力方面，分一般情况和特殊情况谈谈我们的看法。

一般情况下早期教育的智力开发，固然也离不开知识的传授，但旨在为进入小学打好基础。其鉴别的主要标志是：

1. 是否按顺序开发。儿童智力的发展也跟身体的发育一样，有着一定的顺序。比如婴儿3个月左右会翻身，6个月左右会爬行，1周岁左右会走路，这与智力的发展总是先学会动作思维，然后学会具体思维，再学会抽象思维的顺序一样。不同的孩子，时间上会有早迟，但先后顺序决不会相反，如硬教刚会说话的孩子数数，这就像硬要刚会翻身的儿童学走路一样，超越或颠倒了发育顺序，这就是揠苗助长。

2. 是否注意大脑左右半球的均衡开发。人的两个大脑半球，既有不同

的分工，又须密切协作，相互促进。目前人们往往强化了主管逻辑思维的左脑的开发，如只热衷于要儿童学外语，背唐诗，学数学，而忽视了对主管形象思维、创造思维的右脑的开发，常见的情况是剥夺或忽视了儿童游戏、绘画、唱歌等爱好，其结果，不但削弱了右脑的功能，而且使左脑本身职能的发挥，也受到一定的影响。这也是违反规律的。

3. 是否注意有关智力诸因素的综合开发和与非智力因素的同步发展。智力是多种因素组成的一个整体，这些因素是相互促进、相互作用的，若不懂得综合开发的重要，如只让孩子死记硬背一些零碎的知识，而忽视了逻辑思维，或只抓逻辑思维的培养，而忽视了其他能力的训练，这都是不行的。据此类推，开发智力，也不能孤立地注意智力因素，还得注意儿童的健康情况，以及兴趣、意志、情感、理想、毅力等心理品质的培养，即要使儿童在德、智、体诸方面都得到全面和谐的发展。总而言之，科学的早期教育，必须遵循儿童的身心发展规律。

那末，是否在学龄前教孩子数一数数，认几个字，背几首唐诗的做法都完全错了呢？我们的意见是特殊问题应作特殊研究，具体情况要作具体分析。当前，儿童早期教育的研究，正取得了一些新的突破，最主要的，一是根据儿童各种智能的发展都有个最佳期的理论，许多专家都主张要把握孩子各项智能发展的最佳期，及时培养其各种有关方面的才能，不少小音乐家、小画家就是这样培养成才的。在这方面取得卓越成就的要数日本的音乐家铃木镇一；二是根据大脑潜力的研究，美国费城人类潜能开发研究所领导人葛兰道曼博士，用他精心设计的一系列丰富的信息，刺激儿童的感官和大脑，其结果正像春雨催花，或农作物得到了特殊的化肥那样，儿童的智能都得到了异常迅速的发展。这种科学的潜能开发形成的催生助长，与非科学的揠苗助长或"人造天才"形成了鲜明的对照。在这个研究所里，10 个月的娃娃会认字，3 岁的儿童能阅读，6 岁的儿童上初中的课程等等已经是极平常的事了。值得注意的是上述奇迹的出现都是在研究人员与家长密切配合协作下取得的。道曼博士的教学是先由他自己把教材教给家长，再由家长根据自己孩子的特点去教育孩子，孩子们对学习都感到津津有味，其乐无穷，没受到丝毫的强迫硬逼。迄今为止，也没有谁的大脑受到损伤或招致"欲速不达"的恶果。

我们家长，如对早期教育有浓厚的兴趣，并具有较强的辅导能力，在幼儿园老师或研究人员的密切配合下，以积极而慎重的态度进行科学的实验探索，那是值得赞许的。但应知这是一项新的复杂细致的科学实验，在目前，还不是大多数的家长所能办到的。你们的情况属于哪一类呢？还望慎处自决。

# 天下极少蠢才　世上应多良师

问：

看了贵报《心中有爱作磁极，招得离群燕归来》一文，我真羡慕文中的王德华遇到了好学校、好老师。我多么希望也有一个耐心耐烦的老师呵！当然自己学习不好，不能怪老师，可我在课堂上听不懂，下课后又无人教。像我们这样的差生，不是不想学好。

只因几分之差，我没有考上重点中学，到一般中学，好像入了"另册"，低人一等，我自怨自责，自悲自恨，失掉了学习信心。一堂课未听懂，以后就跟不上去，多问老师，怕老师发脾气，说自己笨；老师休息时间又不敢去打扰。编辑叔叔，请你给我指点指点，我该怎么办？

答：

你因几分之差没考上重点中学，这本不算什么大不了的事。古今中外，这样的事例多的是。大名鼎鼎的拿破仑在校学习时，成绩就不大好；第二次世界大战中英国的首相丘吉尔，年轻时几次没考上大学。一个人的一生，大大小小的挫折很多，关键是要闻胜不骄，遇败不馁，要有屡仆屡起，再接再厉的精神，望你认真检查一下自己学习上的得失，重新来一个好的开头。

当前一般中学师生的积极性，不见得比重点学校差，武汉市教科所最近在部分学校中作过调查，发现有些普通学校学生成绩提高的幅度是惊人的。如马房山中学有个班，升高中考试成绩总平均为 520.2 分，升学率 100%，20 个考上重点中学，97% 体育达标。试想，假如你的成绩也能像这些学生那样大幅度上升，三年之后，不是也能跟你原小学班上那些已考入重点中学的同学再作一番较量吗？

值得注意的是你由于有自卑感作怪，怕这怕那，畏首畏尾，有问题却不敢及时向老师请教，这才是你目前学习上的大敌和隐忧。常言说的好，学问学问，一半是学，一半是问；知之为知之，不知为不知。不耻下问的是聪明人，把问题埋在心里甚至讳疾忌医，不懂装懂的人，才是真正的笨蛋！至于谈到老师的问题，我曾在学校工作多年，就我所知，绝大部分老师是欢迎学生请教的，你若能诚恳虚心地向老师求教，大多是乐于帮助你的。这一点，你务必要打消顾虑。

许多学习一时上不去的同学，总是说自己笨，其实这是不科学的。科学研究的成果表明，人们的先天智力水平虽有差异，但又悬殊不大，主要决定于后天的锻炼实践。美国精学法创始人布洛克博士认为"学生都是可以学好的，要创造条件把学生培养成天才，而不是到处找天才学生培养。"学习的好坏很大程度上决定于非智力因素，特别是兴趣、自信心、恒心、毅力等。大量的调查证明，后进生中的极大多数都不是智力低下。希望你相信科学和事实，消除自卑感，改善学习方法，要有恒心和信心。俗话说：勤能补拙，笨鸟先飞。我们相信，你决不是笨鸟。希望你努力学习，展翅高飞。

# 孩子不愿学习怎么办

问：

我的儿子今年12岁，在中学念书。这孩子性格活跃，爱好广泛，可读书就是坐不下来，钻不进去，致使学习成绩老是上不去。他正处在学习的最佳年龄，却把读书当做儿戏，我们做父母的为此深感忧虑。特请教编辑同志，像这样的孩子怎么办？

答：

我非常理解你们夫妇为孩子不愿学习而感到的忧虑。为父母者，谁不希望自己的孩子好好学习呢？

孩子不愿学习，就是没有强烈的学习动机。学习动机是直接推动学生进行学习的一种内部动力。它的主要因素是学习的需要和学习兴趣。学习的需要是社会、家庭和学校对孩子的客观要求在他们头脑里的反映；学习兴趣则是孩子学习自觉性的基础。

一般说来，孩子从没有学习动机到逐步具有良好的学习动机，以至于树立起为祖国的四化建设和崇高的共产主义而学习的志向，这个发展过程，大致可分如下几个阶段（当然也不绝对是这个顺序）：

1. 学习动机的萌发。

强烈的好奇心是孩子们的共同特点。有经验的老师和家长，就是抓住这种好奇心把它变成求知欲的。办法是借助于生动的事例、风趣的语言、美丽的挂图、新奇的演示，吸引孩子的注意力，激起他们的好奇心，使之一步步促成学习动机的萌发。学说外国话的第一节外语课，听点金术和炼长生不老仙丹故事的第一次化学课……孩子们不都是听得津津有味的吗！这就是学习动机的萌发。

2. 学习动机的不断强化。

引导孩子重视自己的学习结果，是不断强化学习动机的一项好办法，这项工作的中心内容就是询问孩子的学习情况，及时检查评讲孩子的各种作业。不能平时不闻不问，只把眼睛盯着期中、期末的考试分数。

实验表明：孩子了解自己的学习结果，比不了解学习结果，学习积极性高，进步较快。对学习结果的及时评讲，能使孩子利用刚刚留下的鲜明记忆来改进自己的学习。当然这种评讲是在老师批改作业的基础上进行的，家长不要与老师相矛盾。评讲要公正客观并照顾到孩子的心理发展水平及个性特点，以表扬鼓励为主，特别应从孩子的原有基础上看进步，这样就能增强孩子的自信心和上进心。

适当地运用竞赛可以激发孩子的学习积极性，家长应支持孩子在学校中的各种竞赛活动，也可在家里父母兄弟姐妹间适当地组织竞赛，只要目的明确，竞赛条件简单、具体、合理，效果就会很好。

家长还应通过与孩子谈心和与老师联系的方式，及时掌握孩子的学习情况，如发现孩子思想开小差，上课听不懂，作业不会做，成绩猛降等情况，就应及时地给他补课，对他的作业进行具体辅导。文化程度不胜任的家长，可争取亲友邻居的帮助，在经济条件允许的情况下，可聘请家庭教师。

对于特别贪玩或由于某种特殊爱好以致影响了学习的孩子（你的孩子可能属此类型），要因势利导，为其创造良好的学习环境，将他的兴趣、爱好转移到学习上来。

3. 把学习动机与树立远大理想结合起来。

树立远大理想的关键是善于引导孩子去认识所学的各科知识在生产、生活实践中的作用，特别是它的重大社会意义，把学习与崇高的共产主义事业、远大的理想联系起来，从而激发孩子的求知需要，提高学习的自觉性和积极性。

4. 正确的学习动机的巩固与深化。

学生仅有对知识的社会意义的认识，还不足以保证牢固的认识兴趣，只有创设某种情境让孩子为完成某种实际任务而进行学习探讨时，才能更有效地培养其浓厚的认识兴趣。家长要关心学校里第二课堂的积极开展，支持孩子的小制作、小发明活动。

心理学家还认为学习的最佳动力乃是对所学材料本身的兴趣，而这种兴趣的形成，则有赖于知识的不断加深加广，并要把远大的理想和这种浓厚的学习兴趣联系起来，特别是要和学习的智力活动联系起来，这样才会产生牢固的、持久的、强大的学习动力。一旦达到了这种境地，孩子们对学习就会有无穷的乐趣和精神上的无限满足。他们就会迸发出智慧和灵感的火花，一代创造型的人才也将从这里脱颖而出。时代赋予我们家长和广大教育工作者光荣而艰巨的历史使命，让我们共同努力吧！

# 死读书必成呆子　好玩动易萌智能

问：

我有个男孩上小学四年级。虽说学习成绩在班上处于中游，但他的脑袋瓜并不笨。他喜爱活动，如学校开展的各种文体活动，包括第二课堂的各种活动等，只要是老师号召学生参加的，他都抢着报名参加。另外，他还喜欢看一些课外书籍。我分析他学习上不去恐怕与参加活动过多有关系，为此，我很有点犯难，阻止他参加活动吧，学习上去很有可能，但又担心他将来由一个天真活泼的孩子变成呆呆板板的书生型孩子；允许他参加各种活动吧，又怕他成绩上不去，分数考不高影响升学。这个问题应该怎么处理好，望指点。

答：

读了你的来信，使我想起前不久发生在宁夏回族自治区某中学初一年级一个学生的实例来。

这个孩子学习成绩平均80多分，还对多种业余活动有着强烈的兴趣和爱好。可他的父母却认为孩子的学习成绩还不够好，还不能保证考上重点中学，并认为孩子从事这些业余爱好活动就是他学习成绩上不去的主要原因。于是他们采取了断然措施，丝毫不跟孩子商量，便把孩子一向视为珍宝的什么胡琴、小鸟、热带鱼等，一古脑儿统统强行销毁。每天放学后，硬把孩子关在屋里读书，由父母轮流监督辅导，满以为孩子的成绩会得到迅速大幅度的提高，那知事与愿违，孩子的学习成绩反倒有些下降了，父母一怒之下，便把孩子痛打一顿。孩子满心委屈，从此便无心念书了，竟私下偷了家里的钱和粮票，离家出走了。

　　这里提一下这个实例，不是危言耸听，我只是想说明那种把孩子正当的业余兴趣活动与学习成绩绝对地对立起来的做法是十分错误的，而粗暴地干预或阻挠孩子参加他极感兴趣的各种课外活动，更将可能招致何等严重的后果罢了。恰好相反，事实证明爱玩爱动是孩子的天性，玩能长智，玩得好也是一种学习，特别是学校当前正积极开展的各项活动，这不同于一般的玩玩，它不仅能丰富和加深孩子们的知识，开阔他们的视野，更重

要的是对孩子智能的开发培养和其他品质的形成，都有着重大的意义。它将有力地促进孩子的学习，使他们学得更主动积极，也更见成效。杭州大关小学前年有27个学生考上重点中学，其中17人是红领巾艺术团的成员，这就是智能迁移的生动见证。

你的孩子对这些活动十分喜爱，抢着报名参加，平时又喜读各种有益的课外书籍，看来，这是一个兴趣广泛有着多种爱好的孩子。兴趣往往是成才的老师，也是人们从事学习或活动的强大动力。希望你为他大开绿灯，加以珍视、保护和妥善的诱导，别看他的学习目前还只属于中游，只要引导培养得法，他的学习成绩是不难迎头赶上去的。

当然在问题的具体处理上，限于孩子的精力和时间，参加的活动过多过杂，也是不好的，必须适当加以节制。建议你跟孩子的老师取得密切配合，在孩子的多种兴趣爱好中，慎重地加以选择，因势利导，使之有所侧重，但这必须充分尊重孩子自己的意见，以跟孩子平等地共同商量的方式解决。我们相信，家长和老师合理的指导意见，孩子是会乐于接受的；专横武断，简单生硬地说："只准参加这，不准参加那，否则就要……"这种命令式的做法，事实证明是断然使不得的。

# 对智力好成绩差的孩子怎么办

问：

我有个10岁的男孩，读小学五年级，智力较好，好问、好动，就画画吧，画啥像啥，有人说他将来定会成个"画家"。可他的学习成绩较差，特别是数学考试常常不及格。我虽然想过一些办法，但效果甚微，因而成了我们夫妇俩的心病。为此，特请赐教为感。

答：

聪明伶俐的孩子，在某一个时期，学习成绩老上不去的情况，并不罕见；但产生的原因，却相当复杂，一定得作耐心细致的观察，再针对具体情况研究、分析。

1. 孩子学习成绩的好坏，除与智力因素有关外，很大程度上还受着非智力因素，如兴趣、情感、理想、信心、毅力等心理品质的影响，此外，还有知识基础、学习方法、学习艰苦性以及身体健康状况等问题。你们的办法收效甚微，恐怕还是"病情"摸不透，"病因"未抓准的缘故吧。爱迪生说："任何问题都有解决的办法，无法可想的事是没有的。"要紧的是我们家长对问题应有个正确的看法，这才会有坚强的信心和耐心。

2. 智力是包括观察力、注意力、记忆力、想像力、思维力、创造力、语言能力等多种因素的认识能力的综合。智力的各种因素之间，也正好像中小学的各种课程之间的关系一样，有着相互渗透、相互作用的内在联系。一种能力、一门知识的发展和提高，会促进其他能力、其他知识的发展和提高，反之一种能力或一门知识的薄弱也会影响其他能力、其他知识的发展和增进。你的孩子一般智力较好，这就是学好任何课程（包括绘画）或干好任何工作的优势。你们应该深入浅出，具体生动地向他讲清这个道理，因势利导，设法把孩子好动、好问的性格，引向各种有趣的智力活动，进而与各科知识的学习挂起钩来。当代著名教育专家布卢姆认为："只要有适合学生个别特点的学习条件，世界上任何人学过的东西，几乎所有的人都能学会。"何况中小学阶段的一般基础知识。同时也要让孩子知道，如果基础学科不学好，其绘画才能的发展，也将受到一定的限制和影响。

3. 你们的孩子长于绘画，无疑是右半脑功能形象思维能力较强的孩子。这对于逻辑思维的发展，是有促进作用的。你应与学校老师密切配合，有意识地注意孩子左脑的训练和开发，着意培养训练其逻辑思维能力。在具体作法上：①要注意扬长补短，即要在充分肯定其绘画才能的基础上，进一步要求他以学绘画时那样仔细的观察力、丰富的想像力、高度集中的注意力来学好其他功课特别是数学。切不可搞削长补短的错误作法，如说"画画算得什么，如果数学再考不及格，我可饶不了你"之类的话，招致两败俱伤，到头来什么也学不好的恶果。②除了开发智力本身以外，还要注意影响智力的其他因素，特别是兴趣的诱导和培养。兴趣不是天生的，举世闻名的大音乐家贝多芬，幼年时对音乐并不感兴趣，由于他父亲的循循善诱，精心培养，他终于爱上音乐并取得卓越的成就。建议你让孩子看一点科学画报和趣味数学方面的读物。另外，你们还可以把家庭的收支记账之类的任务交给孩子来做，由简至繁，从具体辅导到逐渐放手，把日常生活中的数学，与课内数学学习挂起钩来。

# 孩子成绩差可否退学

问：

我有一个男孩，今年12岁，读初中一年级，他的情况跟贵报《关于孩子是否患多动症》介绍的情况相类似。上课不专心听讲，好动好玩，爱说，爱管闲事，又有点口吃。性格非常急躁，学习记忆力差，但课外的事却又记得（比如下棋、看电视、看小说之类）。期中考试五门功课四门不及格。请问成绩差该不该停学呢？急盼指教。

答：

关于孩子的"多动症"问题的论述，我们曾登过不少文章，特别是武汉精神病院刘安求院长在本报上曾对此病的鉴别及治疗等问题都作过系统的介绍和论述，可供参考。但孩子是否患有"多动症"，还须经专门医生检验确定，不宜轻率地做出判断。

从你对孩子种种情况的叙述来看，这孩子的主要问题只是对课业缺乏兴趣，因此上课时注意力不集中。他并非弱智儿童。希望你根据孩子爱玩爱说，爱管"闲事"的特点，每天安排一定的时间多跟孩子玩玩，让他尽情地讲一讲他爱讲的故事，有意识地跟他共同分析评价一下他爱管的那些"闲事"，也许你会从这里发现你的孩子的闪光点，从而找出教育孩子的新方法。要紧的是在你接触观察孩子时要真能做到细心和耐心。在孩子下棋、看电视、读小说等活动中，有不少可与课业挂钩的因素，关键在于我们要善于引导，善于发掘。

值得指出的是，初中阶段属九年义务教育的重要组成部分，每一个合格的公民，都应受完九年制义务教育，除了经鉴定确属弱智儿童而无法受完九年制义务教育，不得不中途退学者外，其他学生都不能随意停学或退学。学校对于后进生应进行特殊辅导帮助，其不及格的功课可予补考，仍不及格，可以留级。家长应与学校老师密切配合，对子女进行教育帮助。

# "好土"为何出"弱苗"

问：

去年，我托关系将孩子转到了一所重点学校，满指望能使孩子的学习有一个大的进步。不想孩子转学后成绩竟愈来愈糟，反不如在原先的学校里。这是为什么呢？

答：

你将孩子转到重点学校读书，想让孩子有一个更好的学习环境。说实在的，这种做法是可以理解也无可厚非的。可是从实际效果来看，却恰恰适得其反。这到底是什么原因呢？前苏联教育家苏霍姆林斯基的话作了最好的回答："一个人丧失了自信心是很危险的。"孩子转到一所新学校，得不到原来老师和同学的赞扬、尊重，觉得自己在新集体里事事不如人，自信心渐渐瓦解，自卑感暗暗滋长，因此积极性受到压抑，学习的随意性增强，成绩自然也就每况愈下。作为家长，要洞悉孩子的心理，让自己的小苗苗在一块适当的土壤里自信、自尊地茁壮成长，而不要一味盯着条件好一点的学校。只要让孩子心灵里升腾起一种自信心、自尊心，觉得自己并不比别人差，那么孩子就会发愤图强，不断进步。

# 要给后进生以成功的机会

问一：

　　我的孩子今年12岁，念小学五年级。他从小体弱多病，但开始上学的头两年成绩还好，到了三年级，功课就跟不上了，上课注意力很不集中，老师的种种惩罚和我们的责骂都不起作用了。今年考试一进考场就头晕，连会答的也答不出来。他也想学好，但管不住自己，加之在学校里受到歧视，就失去了信心。我们夫妻都是工人，文化不高，不知道孩子为什么这么难教育。请问如何才能培养他对学习的兴趣和增强他对学习的信心，把成绩赶上去呢？

问二：

　　我弟弟今年12岁，已经读完初中一年级。他从小就患气管炎。小学功课还好，初一开始就垮下来了。我和父亲都督促他学习，但他总抱着书本，心不在焉的样子。老师说，如果成绩跟不上班就要留级，留级还得交100元钱。我家经济条件不好，请问这问题怎么处理？弟弟的成绩又如何赶上去？

答：

　　你们分别提到的两个孩子，虽然他们的所在年级有差异，但其体质差和成绩差的情况则基本相似。若干经验表明，给后进生以成功的机会是实现后进生转化最为有效的途径。

后进生之所以后进，并非他们没有丝毫的进取心，其实他们也想学好，只是管不住自己，又因受到歧视而失去了信心。要转化后进生，就要让他们重新看到自己潜在的力量，恢复失去的信心和勇气。关键是创设一个特定的环境，让后进生也能感受到成功的喜悦。其具体作法是：

1. 在学习方面，要相信他们目前功课差，并不等于他们的智力差，只就他们过去都有过较好的成绩这一点即是明证。问题是要从他们的实际情况出发提出相适宜的要求，先使其获得现有水平的成功。这种成功的欢乐就会激起他们浓厚的兴趣和强烈的信心，再接再厉追求一种新的更大的成功，以形成一种新的良性循环。如有的老师特意精心地为后进生布置另一种由浅入深的作业；有的老师宁肯让后进生弄懂后重做作业，做好了再给分，从不轻易给后进生以不及格的分数等，都是行之有效的做法。

2. 在课外活动这广阔的天地中发现并发扬他们的智能之光，积极扶持诱导，使他们在所喜爱的方面获得成功。如有的孩子上课心不在焉，而课外活动中则是猜谜、下棋能手，成为故事大王或体育健将之类。只要我们每天肯花一定时间和他们谈谈玩玩，这种闪光点就一定能够发现。

3. 认真发现并培养其非智力因素。美国密歇根大学心理学家史蒂文森领导过为期六年的研究，结果发现美国亚洲裔学生学习成绩之所以优于美国一般学生的秘诀，是来自亚洲的父母能够对儿女灌输努力学习的动力，他们都相信任何人只要努力学习，就一定能够成功。

另外，鉴于你们提到的两个学生体质都比较差，如目前坚持学习确有困难，从长远利益着想，倒不如索性让他们留一级为好，勉强硬拖下去，将会使他们越来越厌弃甚至害怕学习。多留一级，一方面可积极抓紧治病；另一方面在学习上也可以认真查缺补漏，扎扎实实把基础打好。至于留级学校就要多缴钱的做法，肯定与政策不符，可向有关部门反映，以求得合理解决。

# 绝不能讲这样的泄气话

问：

我家隔壁有个中学生，今年读初三，她的成绩初一时还不错，到了初二就掉队了。开始她想，在初三一定要刻苦学习把成绩赶上去，但后来有人说："初二成绩不好，初三是不能提高到先进行列的。"于是她又泄气了，整天闷闷不乐。

我想问您，这种泄气话对吗？

答：

你提出的问题，在当前具有一定的代表性，值得重视。

初中二年级，是出现两极分化最严重的时期。之所以如此，除了学生生理心理的发展处于某种特殊情况之外，在这个年级里由于平面几何、物理等新课的同时开设，学习任务和学习难度都骤然增大了，学生一时处理不当，适应不了，也是造成易于掉队的原因之一。这是就一般情况而言，至于每个学生的情况，还应作具体分析。

但不管由于什么原因，既然掉队已成事实，自己也已意识到了，就应该面对现实，下定决心，想尽办法，振奋精神，迅速赶上。如果犹豫徘徊，因循苟且，怨天尤人，甚至自暴自弃，抱着破罐子破摔的想法，那距离势必越拉越大，终至无法赶上，那是会造成终生遗憾的。

初二没学好，初三还能跃入先进行列吗？当然困难是很多的，但事在人为，"世上无难事，只怕有心人"。只要自己有坚强的决心和毅力，再争取老师、家长和同学们的支持帮助，多大的困难也是能克服的。这里我不想列举过多、过远的例子或个别的特殊成就，只想就武汉市硚口区24中今年初中毕业班的情况谈一谈。

该校初三（3）班，是在初二年级时，由 6 个班的留级生汇集编成的。当时全班考试平均分数及格的一个也没有。在初三这一年里，经过师生的协力苦战，这个班到了毕业前夕，一跃而成为全校的文明班集体，今年参加中考的成绩，全班的毕业率（即合格率）为 100%，升学率为 97%。这简直是个奇迹，赢得了家长们一致的赞赏。事实证明，什么"初二成绩不好，初三是不能进入先进行列"的说法是没有什么必然根据的。关键还在于你自己是否真能做到自尊、自信、自强，脚踏实地争分夺秒地刻苦学习。

# 让孩子抬起头来走路

问：

我的儿子今年已 16 岁了，因贪玩，学习不好，和他同龄的人都上高二了，而他初中还难得毕业。就日常观察，他并不笨。我想了许多方法以使他得到提高，但他却丧失了信心，我感到非常为难。他是否有心理上的缺陷呢？很想找个心理学老师，给他诊断一下，使他赶上时代前进的步伐。希望你们给予帮助。

答：

关于你孩子的问题，我们有如下几点看法：

1. 重新认真仔细地复查一下孩子的病因、病情。据称你孩子学习上的掉队是由于贪玩所致，那么，他爱玩什么，常跟谁一起玩而影响学习的，具体情况怎样，你都应该作耐心细致的观察，并通过与孩子谈心的方式弄个明白。调查应先于诊治，应深入到孩子生活的每一个角落，还要把静态情况（即已经过了的某一事件或已经度过了的某一阶段的情况）互相结合起来作认真的分析研究。一般说只要观察仔细，分析正确，诊断无误，并采取了具有针对性的有力措施，就能收到药到病除，妙手回春的效果。过去你虽曾想了许多方法，其所以收效不大的原因，恐怕就出在对病情的观察、了解、研究还不够仔细、认真的问题上。

2. 关键在于树立孩子克服困难的信心。如你所述，你孩子学习上掉队的情况，已非止一日了。这期间，要相信孩子也一定作过不少尝试和努力的，由于没有得到有效的帮助，一次又一次地失败了。问题很明显，他心理上的缺陷，不就是在连续多次失败的打击下，丧失了信心和勇气吗？这本来也是情理中的事。而缺乏信心，是成功的最大障碍，必须及时解决。解决的办法是家长和老师必先有信心，统一步调，密切配合，要以我们师长的信心来感染、鼓励、教育孩子，坚定孩子的信心，以师长的满腔热情来点燃孩子心中的希望之火。这样，孩子才能更坚强、更勇敢、更自觉地重新投入攻克学习难关的奋斗中去。古今中外这样的事例，多得不胜枚举，只要你搜集应用，就能取得良好效果。美国心理学家布鲁姆认为，"只要有适合学生个别特点的学习条件，世界上任何人学过的东西，几乎所有的人（正常人）都能学会。"苏霍姆林斯基的见解更为精辟，他认为"一个人不可能没有任何天赋和才能"，每个孩子都有不同的兴趣、爱好和

特长，只要坚持因材施教，不是用一把尺子来衡量他们，则每个孩子都有可能在某个领域做出显著的成绩来，我们正应以此来树立孩子的自信心、自尊感，让他们享受到生活的快乐，"让每个学生都抬起头来走路"。

3. 要因势利导，善于利用动机的迁移。一般后进生的特点是缺乏学习动机，没有明确学习目的，在这种情况下，就可利用孩子对其他活动有兴趣动机，与学习发生联系，借助于其他动机，激发他们对学习的动机，从而使他们对学习产生直接的兴趣，这就叫动机的迁移。比如电影《祖国花朵》中的江林，贪玩、学习不好，但他对制氧小组的活动颇感兴趣，说服同学让他参加小组，从而培养了他的学习动机。另一个生活的事例是优秀教师刘纯朴，教育一个绰号叫"马驴"的学生。这学生十分粗鲁，不爱学习，但爱好体育，刘老师启发他："你体育好，三育里面占一育"，这就点燃了他自尊心的火种，他更起劲地从事体育锻炼。刘老师充分肯定了他的成绩，又通过谈心和补课活动，把他这种动机，一步步引到文化学习上来，在老师和同学们的具体帮助下，他消除了自卑感，树立了自信心，终于走上全面发展的正路。

# 拿出信心、勇气和毅力吧

问：

我是武汉××中学初中二年级学生。在小学时，我的成绩一直是名列前茅，考上这所学校时，我感到十分自豪。但进中学后，竞争对手多了，我的成绩逐渐下降。对此，我十分着急。其实我上课听讲很专心，回家也学到很晚，但每次考试成绩却很差，每天都挨父母批评甚至责骂，我毕竟是个自尊心很强的女孩子，这样一来，我只能暗自垂泪，责备自己太笨。

编辑同志，请问假如我转到一般学校学习，成绩是否有所提高？

答：

对你当前的处境，我们深表同情。不少小学同学刚跨入初中阶段，也曾发生过与你相类似的情况，但只要找到成绩下降的原因，及时采取有针对性的措施，情况就能逐步扭转。关键是在困难面前，你千万不能丧失信心和勇气，并要有一种坚韧不拔、百折不挠的毅力。

你的成绩是否各科都下降了，原因究竟在哪里呢？是新旧知识的衔接上存在着缺漏致使你上课时无法听懂呢，还是对中学老师的教法和你自己的学习方法一时无法适应？是已掌握了的知识没有及时复习巩固致使考分下降呢，还是由于学习科目骤然加多感到顾此失彼，无法应付？情况不明，我们也无法妄自臆断，这还得靠你自己认认真真作一番具体细致的分析，同时还应多多听取老师和同学的意见，原因找到了，抓准了，问题就算解决了一半。

你决不能认为什么"自己太笨"而自暴自弃。虽然人们智力的差异是存在的，但初中阶段的各门课程都是基础知识，除了只占人类总数千分之三的白痴以外，一般人只要肯付出时间和精力，就都能够掌握。而且最近若干科学研究资料表明，人们在学术事业上的成就，不仅与智力有关，很大程度上还取决于人们良好的非智力品质即兴趣、情感、恒心、意志、性格等。举世闻名的大科学家爱因斯坦也认为，优秀的性格和钢铁般的意志比智慧和博学更为重要。你是一个自尊心、上进心都很强又一贯努力学习并曾取得过优异成绩的孩子，只要针对原因，不断改进学习方法，学习成绩是一定能够迎头赶上去的。

至于"转到一般学校学习，成绩是否能有所提高？"我们认为这不是解决问题的根本办法。本报曾报道过《被当做尾巴砍的孩子》的例子，虽然确有其事，但其所以获得提高的关键，还在于转学之后，在老师的热情教育帮助下，重新恢复和增强了自己学习的兴趣、信心和勇气，并改进了学习方法的缘故，不能完全归功于转学。以上意见，仅供参考。

# 如何消除学习上的自卑心理

问：

我是一个中学生，因成绩不怎么好，常遭到家长和亲友们的讽刺嘲笑，弄得我在人前抬不起头来……这种烦心的日子真是难熬。我希望成绩能够提高，但不知道该怎样摆脱当前这种困境，争取学习上的进步，望你们给我帮助。

答：

从来信看出你是一个不甘落后、积极要求上进的孩子，只是由于学习上的失误竟遭到亲友嘲讽，自尊心受到伤害。对此，我们深表同情。谢谢你对我们的信赖。下面谈几点看法，也许会对你有所启发。

1. 一个人应该有明确的是非观，对于来自各方面的嘲讽，诸如什么蠢呵，笨呵……你都可以一笑了之。而对于自己现阶段学习上的失误，则应当认真分析一下，要找出原因，是基础不牢，学习方法不当，还是下的功夫不深呢？这才能对症下药，改变学习成绩不佳的现状。

2. 必须消除自卑心理，恢复对学习的自信心。如果认为自己无论如何努力，也无法取得好成绩了，这无异是向困难俯首投降，还怎么谈得上努力争取进步呢？

智力的开发是大有潜力的，现在人脑利用率一般仅是 10% 左右。美国心理学家布鲁姆及其助手通过实验、观察和追踪研究，得出主要结论是："除了千分之一、二是天才儿童和千分之一、二、三是低能儿童外，其他儿童在学习能力、速度等方面并无多大差别，只要有适合学生个别特点的学习条件，世界上任何人学过的东西，几乎所有人都能学会。"

中学课程是一般性的基础知识，只要功夫到，方法得当，相信你是可以学好的，切不可悲观消极，自暴自弃。

3. 怎样坚定自己的胜利信心呢？要根据自己的实际情况分阶段提出恰当的具体奋斗目标，争取逐步达到，不要一次提出过高的要求，以免挫伤了锐气，反而动摇了信心。反之，如果每次提出的目标都能逐步达到，这种成功的喜悦，能激发你学习上的兴趣。

4. 学习上遇到困难时，应适当地采取有效的办法。一是要反复耐心地思索。科学研究表明，人每思考一个问题，就在大脑皮层上留一个兴奋点，思考的问题越多，大脑皮层留下的兴奋点也越多，而各兴奋点之间都是相互联系的，逐渐在大脑皮层上由兴奋点组成网络，触动网上的一个点，就会牵动整个网，从而触类旁通，这就是多想出智慧的道理。二是不耻下问。有的学生，自尊心很强，有问题不愿问人，怕人家说自己笨傻，甚至讳疾忌医，不懂装懂，致使问题越积越多。凡事不动脑筋只依赖别人是不对的，但只是一个人冥思苦想，不愿向老师和同学求救，也是不可取的。

相信你通过一番努力，学习成绩会大有进步。

# 孩子留了级怎么办

问：

我有一个女儿，上小学四年级。这孩子刚入小学时，成绩还勉强能跟上班，可这学期语数两门不及格，留了级。说她学习不用心吧，可她平时花在学习上的时间比别的孩子还多。为此，我们非常着急，甚至怀疑她的智力有问题，孩子自己也十分苦恼。请问编辑同志，对这样的孩子，我们该怎么办？

答：

孩子留了级，做父母的无疑是很着急的。有的父母往往会因此而打骂、挖苦孩子，或者不闻不问，表现出对孩子失去信心。这不但不利于孩子总结提高，而且还会因此养成孩子自暴自弃的心理，造成更为可怕的后果。正确的方法是父母必须冷静下来，从以下三个方面帮助孩子：

首先要帮助孩子分析原因。父母虽然每天都和孩子生活在一起，但对孩子的思想并不一定真正了解，因此，父母必须以平等的身份，心平气和地和孩子交谈，设身处地为她着想，使孩子感到父母的心是与她相通的。只有在这种和谐的气氛中，孩子才会说出心里话，父母也才能对症下药，总结出适合孩子的教育方法。

其次要帮助孩子克服自卑感。孩子留级以后，往往会认为自己脑子笨，再努力也没有用。这种自卑感是很危险的，很容易"自己打倒自己"。所以父母千万不可在孩子留级后就怀疑她的智力，而应努力克服孩子的心理障碍，列举大量的事例证明她是聪明的，这样可以增强孩子迎头赶上的自信心。

还有一点，就是要帮助孩子提高学习兴趣。学习对于留了级的孩子来说，是一件非常苦恼的事。父母起初在辅导她学习时，一定要十分谨慎巧妙。可以先给孩子制定一个比较容易实现的学习计划，从容易的课题补起，保证孩子能学一点会一点，尝到学习的甜头。每当孩子做对一道题目，父母要及时给予表扬和鼓励，使孩子产生攻下难题后的喜悦与自豪感，从而把学习当做一件有趣的事，越学越爱学。

# 怎样消除"学习恐惧症"

问:

　　近几年来笔者发现,在一些学校里,少数学生出现了头痛、精神萎靡、记忆减退、胆小怕事、畏首畏尾等现象。他们一听到老师或家长的喊声便吓得不知所措。学习成绩也不好,特别是不愿意去学校上学。尽管家长劝、哄、骗、骂或打,都难以让孩子自觉上学。我把它称之为"学习恐惧症"。怎样防止和治愈这种病症? 特请编辑同志给予帮助。

答:

　　你所谈到的"学习恐惧症",当前在部分学生中确实存在。这是一种极不正常的心理现象,也是教育违反了科学规律的恶果。

　　一切心理现象,就其产生的基本方式来说,都是通过"反射"(即有机体藉神经系统对外界或内部刺激所做的有规律性的反应)实现的。学习活动,在正常的情况下能够满足学生的多种心理需要,如求知的需要,升学就业的需要和取得荣誉及受到尊重的需要等,给学生带来愉快和欢乐,因此是深受学生欢迎的。由于家长、老师和学校总伴随着学习活动的产生而出现,已成为学习活动的一种信号,故也能引起反射现象,给学生带来积极的情绪体验;反之,如果学习任务过于繁重,超过了学生的心理负荷,内容艰深枯燥,引不起学生的兴味,教学和辅导的方式方法又是强压硬灌、生硬、呆板、单调,不能适应学生的心理特点,甚至当他们在学习中受到挫折时,还动辄加以训斥打骂,这样日复一日,在学生心理上一旦形成了"学习即痛苦"的条件反射,那就无怪乎他们一看到学校、老师、书本,乃至与学习有关的各种事物，就感到大难临头，胆战心惊了。这就是所谓"学习恐惧症"形成的原因。

这种"学习恐惧症"怎样才能防止和治愈呢？关键在于老师和家长要端正教育思想，全面贯彻党的教育方针，实事求是因材施教地教育学生，这才能逐步端正学生的学习动机，培养和激发学生的学习兴趣。千万不能只以学生考分的高低作为衡量他们的惟一尺度了。

鉴于"学习恐惧症"的病患者，一般都是学习屡遭失败，丧失了自信心，意志力轻薄弱的孩子，所以对他们务给予特殊的关怀和具体的帮助，还要有极大的耐心。在具体的作法上：①老师和家长要经常互相联系，密切配合，仔细观察，根据他们的兴趣爱好，组织他们参加各种有益的活动。在活动中，因势利导，把他们参加这些活动的动机和兴趣，有意识地逐步迁移到学习上来。②要认真分析他们学习上受到挫折的原因。应知"冰冻三尺，非一日之寒"，在短期内，齐头并进，要求把各门功课一时都赶上去，那是不现实的。最好根据他们的兴趣和基础的具体情况，先选择一二门学科作为突破口，给予具体辅导，使之在一定时期内取得较大进展，借以消除其自卑感，增强其自信心，然后再推广到其他学科。③要及时检查他们的学习效果（主要是作业和试卷），当面批改，充分肯定其成绩，也指出其不足之处。必要时，宁可在启发后让他重作或重改几次，也不要轻易给予不及格的分数，使他们再度泄气。④经过了一定时期的特殊训练后，在条件有利的情况下，也可有意识地鼓励他们参加某些竞赛活动，以进一步激发他们的学习积极性。

总之要想尽一切办法，让他们在学习中，得到胜利的喜悦，尝到学习的甜头，感到学习的乐趣，"学习恐惧症"就会自然消失了。

# 怎样激发贪玩孩子的学习热情

问：

　　我有一个 8 岁的男孩，近来越来越贪玩，每天只要一做完老师布置的作业，就像脱缰的野马一样跑出家门，有时吃饭都叫不回来，致使学习成绩下降。为了防止他的学习成绩继续滑坡，我曾给他做过多次思想教育，有时加以棍打鞭抽，但收效甚微，真有点无可奈何了。请问编辑同志，怎样教育才能激发这种贪玩的孩子的学习热情呢？

答：

　　爱玩是孩子的本性。关于因贪玩影响学习的问题，我们认为，关键在于引导激发孩子的学习兴趣。当孩子厌学时切忌强迫硬压，甚至以打骂相加。因为这样做，还不止是收效甚微的问题，很可能使事情弄得更加难以收拾。

　　以上的道理说来比较简单，但要严格见诸行动却并非易事。我的意见是要从细心了解研究孩子入手。首先可通过日常的接触、观察、谈话，与孩子的班主任取得联系，有时还可跟孩子的同学也交交朋友，以期了解孩子的兴趣、爱好和特长。然后认真翻阅一下孩子的教材，注意教材内容与日常生活和游戏之间的联系，如数学与买菜算帐和编制家庭收支计划，语文、数学、常识与电视电影节目等的联系，在与孩子的接触中尽量有机地结合起来，以逐渐引发孩子对学习的兴趣。同时，尽量避免单一、枯燥地与孩子就学习谈学习。另外还有很重要的一点就是家长本身热爱知识、热爱学习，也将对孩子起到引导和激发作用。引导与激发孩子的学习兴趣，有"内部激发"和"外部激发"两种。所谓"内部激

发"，指的是以激发孩子对学习材料本身的兴趣。这是持久不衰的，故应属于主要的地位。所谓"外部激发"，即以取得某种成绩作为给予某种奖赏的激发手段。这虽不是根本的办法，但在一定时期、一定条件下可发挥一定作用。故也不失为一种必要的激励手段。最后，家长平时还应有意识地积累一些益智方面的故事，经常给孩子讲讲。这是潜移默化的工夫，坚持下去，必有效果。

孩子学习的暂时退坡现象并不可怕，只要能激发起孩子对学习的兴趣，成绩就能迅速赶上。

# 孩子老是完不成作业怎么办

问：

我的小孩读小学五年级，常常为完不成家庭作业而苦恼。请问怎样指导孩子按时完成作业。

答：

正准备给你回信，收到哈尔滨19中学刘彦同志写来的一篇文章，谈了他在这个问题上的体会，你可以参考：

他的体会是：

1. 知己知彼，充分预习。要对孩子的水平心中有数，对老师的讲课内容有大体上的了解，这样辅导起来就能有的放矢。

2. 循序渐进，养成习惯。从基础知识和基本训练抓起，一步一个脚印，这样才能把知识掌握得牢牢的。"高速度"、"超负荷"的辅导，往往是事与愿违。

3. 改善环境，烘托气氛。孩子做作业时，家庭环境应该宁静、宽松，最好有一单间。家庭其他成员可以进行看书、绘画、写字、编织毛线等比较和谐的活动，切忌打牌、看电视、喧哗和吵闹。

4. 理解孩子，尊敬老师。当你的辅导与老师的方法有出入时，要理解孩子对问题的看法，遵从老师的意见。

5. 明确目标，摆正位置。家长只是帮助、督促、检查，而不是替代老师的教学和孩子的复习。目标弄错了，位置摆得不正，就会帮倒忙。

# 孩子爱撕作业本怎么办

问：

我读小学四年级的女儿兰兰做作业时，稍不遂心就"刷"地一下把本子撕去一页，有时一连撕去几页。一本作业本做完了，撕去的就占了一大半。怎样纠正孩子撕作业本的不良习惯？

答：

孩子爱撕作业本，看来是个比较普遍的现象。在纠正中，首先是让孩子从思想上提高认识，认识到撕本子是一种不良习惯，也是一种浪费行为。可以通过算细帐去教育孩子，告诉孩子如果全国几亿小朋友每天都把本子撕去一页或几页，会给祖国建设带来多大损失。孩子从思想上明确以后，再严格要求孩子做作业时要认真、细心、不马虎。做作业前先想好，或拟好草稿，然后再往本子上做。有时即使写错了一个字或做错了一个题，也告诉他不要撕本子，可以在后面再重做。

为了更好地纠正孩子撕本子的习惯，家长可以经常同孩子一道学习，顺便作些辅导，告诉他怎样书写，怎样恰当安排书写的位置，怎样使作业做得美观整洁。孩子没有撕本子的时候，应及时肯定以巩固下来。

# 孩子学习有偏科现象怎么办

问：

我的儿子是初中二年级学生，他对历史、地理课程特别偏爱，一有空就看有关史地一类的书。电视中有关史地知识的竞赛题，他常能答得一字不漏，这两门课的考试成绩一直在 90 分以上。可是在数理化的学习上，他的成绩却不好。针对他学习上的这种偏科现象，我们家长也给他讲了许多要学好史地也离不开数理化知识的道理，可他还是明白不过来。请问怎样才能纠正这种偏向。

答：

你的孩子对历史、地理课程有着浓厚的兴趣，成绩一直在 90 分以上，这是十分可喜的。但数、理、化的成绩却不大好，不好究竟到什么程度呢？你没作具体说明。

中学阶段的各门课程都是必要的基础知识，是必须掌握的，如果学习上存在偏科现象，就会造成知识上的某些缺陷，从而影响了对其他知识的进一步掌握，因此必须加以纠正。但这并不意味着要求每个学生达到门门 100 分。全面发展不是平均发展。由于每个学生个性、兴趣、爱好、特长的不同，在对待各科的学习上有所侧重，这是必然的，也是允许的。比如你的孩子，史地一贯特好，数理化如也达 60～70 分左右（当然不能光看分数）也就行了，若低于必要的限度，则不能认为合格，必须设法赶上。

纠偏的正确指导思想应该是"长善救失"，通俗地说就是"扬长补短"，注意不是"扬长避短"。在这方面，你的作法是正确的，即只能在充分肯定其史地方面已取得优异成绩的基础上，指出史地与数理化知识的内在联系，勉励他在继续学好史地的同时，也得尽力学好数理化。从实际情况出发，还可以要求他在一定时期，把主要精力暂时移到数理化方面来。你这样做了，如果成效不大，还应坚持经常反复进行，道理要讲得深入浅出，切合实际，应知当前科学文化的发展，有一种明显的必然趋势，就是学科领域之间的相互渗透。

兴趣是学习最好的老师。12～13 岁的孩子，兴趣是十分广泛的。兴趣并非是天生的，喜欢史地的孩子，不一定就不喜欢数理化。你们最好认真回忆一下孩子当初是怎样迷上史地的，举一反三，触类旁通，也处处为孩子有意识地创设一个培养其学习数理化兴趣的环境，循循善诱，启发引导，使他也对数理化渐渐喜欢起来，关键是使他在学习中尝到一点胜利的喜悦。

初中二年级正是增设平面几何、物理新课的时候，对新学科的起始，你们要让他一开始就尝到学习的甜头，不要让他一上来就"倒了胃口"。

# 当孩子复习迎考的时候

问：

我的孩子每到期末，总是手忙脚乱，一会儿背书，一会儿算题，精神费了不少，可考试成绩却不怎么样。我想，是不是他在复习方法上有问题，或是什么别的原因。请指教。

答：

看来，您的孩子是重视复习考试的，只是复习方法不大恰当。您不妨引导他从以下几个方面做起。

1. 处理好学习新课与旧课结合的关系。学生一般有两种倾向，一是接近结束新课时，只顾提前复习旧课，不认真学新课；一是只顾上新课，忽视对与新课有联系的已学知识的巩固。家长须要求孩子扎扎实实地学好新课，同时有机地结合复习旧课。

2. 处理好逐章逐节复习与全科综合训练的关系。复习某一章节的时候，不要单纯孤立地思考这一章节的问题，要搞清本章节同其他章节的内在联系以及这一章节在整个教材中所处地位。在弄清本章节基本知识的基础上，把它与全书其他章节相关的知识联系起来进行综合训练。

3. 处理好必要的背诵与理解掌握的关系。有的学生死记硬背，不求理解，由于机械记忆，不仅遗忘率大，而且会造成答题时张冠李戴。家长要启发孩子把书上的内容排排队，分清哪些必须背诵熟记，哪些只需要理解掌握。还要告诉孩子，即使是对公式、定理的记忆，也应在理解的基础上进行。

4. 处理好规定作业与自我测试的关系。考试规定的复习作业，一般来说都是面向全体学生的（也有分为补作、必作、选作的），家长要告诉孩子根据自己的情况，在完成必作题的基础上，再量力而行。成绩差一点的可补作基础练习；成绩好的则可选点综合训练进行自我测试，尽可能地多接触一些各种类型的试题。

5. 处理好缜密思考与训练解题速度的关系。有的孩子性情急躁，抓到试卷就做，往往忙中出错，不是解题步骤不完整、不规范，就是缺这丢那。家长要引导孩子做题时养成缜密思考和复习、验算的习惯。有的孩子平时拖拉作业成了习惯，或因思维迟钝，常常在规定时间内做不完题目，要对孩子进行定时作业或其他小测验中解题速度的训练。家长还要提醒孩子，不能为了速度就不缜密思考，也不能为了反复思考而不顾速度。

由于每个孩子的性格特点与具体条件不同，家长和老师必须密切配合，家长先把孩子的学习与复习情况摸准，然后有针对性地引导孩子掌握复习方法。

# 孩子考试怯场怎么办

问：

我的孩子小学毕业时曾因怯场而考得不理想，今年又要面临中考，她感到很紧张。请问怎样才能使她考试不怯场呢。

答：

要想使孩子考试时不怯场，首先要了解孩子怯场的原因。一般来说，怯场的原因主要在两个方面。其一，因精神上有压力而造成思想紧张。有的学校要求考生"只能为学校争光，不能给学校丢脸"，有的家长给孩子以过分的破格待遇，及许愿奖赏等。孩子因担心万一考不好的后果，而增添了心理负担。其二，平时训练不严，不适应考场气氛。有的学校考风不好，平时考试有作弊的机会；有的平时要求不严，做作业拖拉成了习惯，而升学考试考纪严、时间紧，再加上考生对考场和监考教师人地两生，很容易引起恐惧和不安。

明白了孩子怯场的原因，对症下药就不困难了。首先要教育孩子明确学习目的，端正应考动机，尽可能减少孩子思想上的不必要负担，同时鼓励孩子勇于抵制各方面的压力，锻炼自我控制的能力。另外还要注意帮助孩子养成良好的考场习惯和提高对考试的适应能力。

# 孩子看武侠小说上了瘾怎么办

问：

我有一个 13 岁的男孩，近几年来看武侠小说看上了瘾。他吃饭时也看，睡觉前也看，甚至在家做作业时还要偷偷地看。因此他听课时心不在焉，现在他眼睛也近视了，学习也退步了，已经留了一次级，数学成绩仍不及格。我们当家长的真为他着急！

为了教育好这孩子，我订了一些教育杂志和儿童刊物，也曾制定了相应的"家法"，还经常和老师取得联系，但问题总没有解决。特请你们在百忙中给予指教。

答：

你孩子的问题，使我想起传说中清代名将年羹尧和他老师的一段故事来。据说这位威名赫赫的年大将军，幼年时却是个异常顽劣，不肯读书的孩子。他的老师见他成天在花园中运土玩泥，玩花弄草，却不去喝阻他，初则以鼓琴吹箫，引起他对音乐的好奇心，继则看准了他恃勇好斗的特点，便投其所好，率性以精妙的武术激发起他强烈而坚定的习武决心。接

着又以武术只是"一人敌"的见解，巧妙地加以譬喻引导，进一步让年懂得要具有"万人敌"的本领，只有认真读书的道理。年羹尧终于发出誓言，出现了"自是，书声朗朗闻斋外"的奇迹。这是教育工作中因势利导，循循善诱的范例，值得我们反复琢磨：①这位老师教育方法的成功是细心观察、摸索、研究的结果，决非轻易的一蹴而就。因此我们也应有一计不成，再生一计，百折不挠的必胜信心。②在教育工作中寻求两种情境之间的共同因素，是取得这种"迁移"成功的秘诀。这位老师让他的学生懂得习武只能战胜一个对手，读书有了知识就能战胜更多对手的道理，所以他的学生便有了读书的自觉性。

当然传说毕竟是传说，现实生活中的问题哪会那么简单？结合你们的实际情况，我们提出以下三点建议：

1. 把改变孩子现状的办法寄托于武侠小说的禁绝，这是不现实的。基本办法还是"晓之以理"。在这个问题上，切忌抽象说教。要亲切、耐心地跟孩子谈心交心，让孩子能具体地谈谈自己的真实想法，听其言而观其行。在条件成熟时，召集全体家庭成员，开几次家庭专题讨论会或辩论会。在民主和谐的气氛中，实事求是地摆事实，讲道理，让孩子谈谈武侠小说迷人之处何在；哪些情节，哪些人物最使他着迷；其具体危害性又在哪里。要人人都能畅所欲言，以理服人。讨论到了一定程度，就可把你们原订的"家法"让大家作适当的修改和补充。

2. 充分发扬家庭教育中情感性原则的优势。家庭成员之间，由于血缘、经济、生活上的直接联系，有着一种特殊亲密的依恋和信任感。所谓"同言而信，信其所亲，同命而行，行其所服"谈的就是这个道理。特别是父母，在子女的心目中就是最亲近最值得信赖的人。所以同样的话，出自父母之口，最易为子女所信服和接受。对于好斗殴的人，圣君贤相的一篇大道理，还没有他妻子一针见血的几句劝慰有效。这就是情感的作用，爱的威力。做家长的就应利用这个特点，把全体家庭成员形成一个情感上休戚相关、悲欢与共的集体，发扬团结友爱互助的作用。首先要让你这个看武侠小说上了瘾的孩子，深切地感受到他遭受到的失败和挫折，已经给全体家庭成员带来情感上沉重的负担，从而产生了自己必须努力改变目前这种现状的紧迫感，然后再动员其他成员跟父母一道商讨帮助和关怀的措施。

3. 关于"家法"的贯彻执行问题，贵在启发自觉，并以表扬为主。"家法"不是"家罚"，特别是罚多作数学题和体罚的办法，甚不可取。但一定的惩罚还是要的。如何惩罚，可以由受罚者自己提出，大家评议，目的在于能改正。执"法"要宽严相济，但严要有格、有度、有理。严格的要求是与尊重子女的人格相一致的。哪些要严禁呢？比如你信中谈到的："吃饭时也看，睡觉前也看，甚至在家做作业还要偷偷地看。"这就绝对不行。假如这也做不到严禁，那所谓"家法"条例，恐怕只是名存实亡了。

# 一个中学生对琼瑶小说的惊呼

问：

我是一个中学生，由于现在琼瑶小说大量出版，致使许多中学生陷了进去，中毒太深。长期这样下去，中学生就会被这些书"杀死"。他们上课看、下课看，白天看、晚上看。现在连同学说话都是"你看过琼瑶的××吗？"要是没看，就说"你真傻，这么好看的书你都不看"，等等。有的学生看过这些书后，仿照书中的情节去谈情说爱，许多中学生由此而走上歧途。

我听说过许多学生家长由于管不了而放弃教育子女，致使子女由此走上犯罪的道路。所以，请求你们，帮帮那些家长和那些中学生们。

答：

你在来信中反映的情况，正是广大同学、老师和家长关注的问题。

琼瑶的小说具有一定的可读性，再加上她写的是台湾的生活，有些中学生也出于好奇心读她的作品。我们虽然不能简单地说琼瑶的小说看得看不得，但我们必须正视的是，有的中学生盲目推崇她写的小说，成为"琼瑶迷"；有的同学甚至于心绪迷乱，神魂颠倒，无心学习，早恋和性犯罪的现象也时有发生。这些情况表明，文学作品的确会移人性情，倘若读者缺乏分析评价文学作品的能力，就容易受到某些作品的消极影响。就是阅读优秀的小说，如果没有正确的态度，也难免不出问题。过去，有的少女读了《红楼梦》就以"林妹妹"自喻，见花落泪，对月伤怀，多愁善感。阅读文学作品，要有相应的鉴赏能力，具有正确的审美观点，才能够对作品内容和人物形象做出比较正确的评价。

那么，我们如何评价琼瑶小说呢？我听到不少青年人说："琼瑶小说看了几本就不想看了，差不多的，没什么意思。"我也有同感。琼瑶小说的主体内容是爱情纠葛，"痴情女"、"爱情狂"特别多。小说中的男女主人公似乎都可以不食人间烟火，既不为社会分忧，也不为家庭或个人生活操劳，更谈不上有什么理想、抱负，只有为爱情而产生的欢乐和悲愤。我们有些中学生错把琼瑶的小说当做台湾生活的真实写照，以为那里的年轻人一天到晚都是唱咖啡呀，跳舞呀，爱呀，恨呀……以至于羡慕和模仿书中的人和事，这显然是幼稚和错误的。文学作品应反映社会生活，人物形象必须植根于现实的土壤之中。琼瑶笔下的台湾社会和家庭，缺乏时代气息和社会真实感，是被作者粉饰了的"生活"。她描写的男女青年也只是作者心目中的理想人物。也许有人会说，既然琼瑶小说对中学生没有什么好处，为什么街上有卖呢？干脆禁止出版发行好了。社会生活的现象是复杂的，我们所处的环境不可能纯而又纯，而我们中学生的思想比较单纯，缺乏社会生活经验，这就需要保持清醒的头脑，形成明辨是非好恶的能力。既然已经出现中学生看琼瑶小说所产生的消极作用，那么我们大家就有责任劝止中学生不要去看琼瑶小说了。

要是有的同学已经看了琼瑶的小说，那怎么办呢？我建议学校举办文学作品欣赏讲座，介绍文学名著，开阔中学生的文学视野，提高中学生的欣赏水平，消除琼瑶小说在同学中的不良影响。团组织生活、班会还可开展讨论会，引导同学们正确对待琼瑶小说，在班上形成正面的舆论。

希望家长平时要关心子女的精神生活，自己的孩子读些什么课外书籍，心中要有数，要告诫子女哪些书中学生不宜看。如果发现他们看了不该看的书，可不要训斥一番了事，最好让子女自己谈谈对某本书的看法，家长再耐心进行分析帮助。如果限于文化水平和理解能力，家长可以请老师或亲友帮忙做工作，力求防微杜渐，以免铸成大错。

只要各方面都来关心中学生的课外阅读，我想琼瑶小说在中学生中的消极影响定会大大减少。

# 孩子读课外书好不好

问：

　　我的小孩喜欢读课外书，他爸爸还支持，我却怕妨碍孩子的学习。为此，我们常常发生争执。请问，孩子读课外书好不好？

答：

　　让孩子看点课外书，不仅能起到补充学生在书本中学不到的知识，而

且能启迪孩子思想、陶冶性情、扩大视野、增长知识。一本有益的书好比是一位不说话的老师，他教孩子如何认识世界，怎样做一个有益于社会的人。

但读课外书时，家长一定要给予正确的指导，要有选择和针对性。对于少儿最好读一些科普读物、古诗、儿童文学，适当读点文学名著如《安徒生童话集》、《西游记》（儿童版）等。但一定要注意不能影响学习和休息。对于那些看书一目十行，走马看花，只要晓得故事的孩子，家长要予以指导，读后还可以摘录，写读后感，这样做收获更大。

# "四步阅读"学习法

问：

我在辅导孩子学习时，对语文这一科总不知该怎样要求孩子，望能给予指点。

答：

在这里，我们向你推荐一种教会孩子自己读书的"四步阅读"学习法。这种逐步深入、循序渐进的方法，对学好语文是大有帮助的。

1. 初读课文，扫清障碍查字典。

首先把课文读一遍，边读边划出生字、生词，然后动手查字典、查词典，为理解课文内容扫清障碍。

2. 细读课文，理清层次找重点。

拿起笔来仔细读课文，边读边想：这篇课文讲了些什么事、什么人。目的在于对文章全貌有一个总体印象。然后用几句话概括整篇内容并划分段落，写出段落大意，找出中心句和重点段。

3. 精读课文，思考问题找疑难。

精读指对课文逐字逐句逐段地精心思考。对重点节、段更要反复读，最好动笔划批注，从中领会文章的中心思想及作者围绕中心的具体写法。并随时记下不懂的问题，以便求教。

4. 熟读课文，综合训练动笔练。

在精读的基础上，根据老师的要求和课文的提示，进行读、背、默、复述等综合训练，然后根据训练要求，联系实际进行仿写训练。

# 辅导学习十法

问：

我们的孩子上小学四年级了，在校成绩中等。我们很想提高孩子的成绩，可不知该怎么辅导他。孩子只在题目做不出来时问问我们，除此之外，我们还能做些什么呢？

答：

为了帮助你们辅导好孩子的学习，下面特介绍十种辅导方法，以供参考。

1. 启发诱导法。

孩子学习中有疑难，家长不直接讲出解答，而是通过启发诱导，使孩子对问题逐步理解，直至彻底明白。

2. 问答法。

有意识、有目的地提出问题，让孩子思考回答。

3. 直观演示法。

有些在道理上难以讲清楚的问题，通过直观演示，更能形象生动地加深孩子对问题的分析和理解。

4. 分析法。

对问题（特别是难题）逐层逐层地分析，使之得出结论或推而广之，以加深孩子对问题的理解和掌握。

5. 质疑讨论法。

为了更好地发展孩子的智能，在学习辅导中，要允许和鼓励孩子大胆质疑，大胆争辩。通过讨论和争辩，加深对问题的理解，求得学习深入。

6. 查缺补漏法。

孩子学习中，难免会出现一些知识上的缺陷，在此情况下，家长就要时常做好对孩子知识上的查缺补漏工作，以使孩子的知识每一步都学得扎扎实实。

7. 实践操作法。

这是一种理论联系实际的辅导方法。孩子学习知识，不仅要在理论上求得彻底了解，而且还应学会将理论知识运用到实践中去。

8. 兴趣培养法。

孩子在学习中，往往可能出现偏科的现象，对某些学科不感兴趣。对此，家长就要培养孩子多方面的爱好和兴趣，以促其全面发展。

9. 表扬批评结合法。

孩子学习有了进步，就要及时表扬鼓励，使之不断前进。反之，就要冷静地找出原因，如系孩子的缺点错误所致，就要相应地进行批评引导，使其缺点错误不再扩展、蔓延。

10. 观察发现法。

家长对孩子的学习，要经常注意观察，从观察中发现孩子的成绩和缺点，然后有的放矢地予以鼓励或教育。

# 早上学习效率最高吗

问：

孩子快要毕业了。他每天很早起来复习功课。据说早上人的记忆力好，学习效率高，是吗？

答：

复习功课最重要的是理解，但在理解的基础上，记忆仍是十分重要的。什么时候记忆力最好呢？

实验表明，在一天24小时内，人的记忆力是不平衡的。英国剑桥大学的科学家曾对人的记忆能力进行测试。在短期记忆测试中，大量数据表明，随着时间的向后推迟，多数人的短期记忆能力越来越差，这似乎与疲劳程度逐渐增加有关。但在进行长期记忆力的试验中却得出与之相反的结果，人的长期记忆能力上午不如下午好，而长期记忆的最好时间是傍晚6～7点钟。

至于什么时间学习效率最高，一般来说，早上并不是学习最佳时间，人的精力高峰白天是出现在上午。早上仅适于进行短期记忆。

# 增强记忆有哪些好办法

问：

我的孩子刘丽，13岁，理解能力较强，但记性较差。因此，一些需要记忆的课，成绩不好。请你介绍一些增强记忆的好办法，好吗？

答：

有这样一些办法，可能增强记忆。你不妨一试。

1. 缩减法。在机械记忆中，可用缩小记忆对象的信息量，把许多单独的关键性或概括性信息点，合并成较少的几个有意义的单独信息量，有助于增强记忆。

2. 发挥特征法。摄取需要记忆材料中有本质特征或有趣味的地方，刺激大脑产生兴趣和联想，用以加深记忆。

3. 选择记忆法。只记那些带根本性的最重要的东西，强化记忆。

4. 重复法。多读几遍，加深理解便可加深记忆。

5. 背记。持之以恒的背记，会使记忆力获得显著增强。比如英语，可以采取一遍默读，二遍出声，三遍合书忆其大意，四遍开卷对照、补遗，下死功夫背记，就会记得扎实、深刻。

6. 单侧记忆体操。人脑的左半球由于从事多种功能，称为"优势半球"，脑的另一半球是"非优势半球"。习惯右手工作的人，易使大脑的左半球疲劳，记忆减退。因此，惯用右手的人，可以举举左臂，踢踢左腿，左臂撑体或左手持球拍等，可以显著增强记忆。

7. 器官总动员法。古书《学记》中说："学无当于五官，五官弗得不治"。意思是说学习和记忆，如果不能动员五官参加活动，那就学不好、记不住。比如背记诗词文章，就应该耳听、眼看、口读、手写、心想等各个器官总动员，才能达到目的。

# 怎样才能搞好自学

**问：**

我虽然成了家，有一个 2 岁的女儿，但我觉得自己还很年轻，应该多学习一些知识。请问：怎样才能搞好自学？

**答：**

你想多学习一些知识，精神可嘉。

怎样才能搞好自学，这是个大题目。不过，有人总结出"自学的十忌"，我想，对你或许有所帮助。这"十忌"是：

1. 忌选择学科不当。自学应选择符合自己知识结构、气质、环境等特点的学科，才能扬长避短，早出成果。

2. 忌好高骛远。应从自己的实际出发，踏踏实实地向前推进。

3. 忌"常立志"。对选择的目标要矢志不移。常常变换志向，最终将一事无成。

4. 忌"本本主义"，要尊重"本本"，但不能拘泥"本本"。应独立思考，善于探索。

5. 忌"单打一"。各学科是互相联系的，知识积累越多，成才的"爆发力"越大。

6. 忌固执己见。一个人的智力毕竟有限，多听取别人的意见，有益无害。

7. 忌自暴自弃。自学成才非一日之功，失败不可失志，应保持旺盛的精力和斗志。

8. 忌漫无目的。应先拟订切实可行的学习计划，定期检查，没有完成的应尽快补上。

9. 忌浅尝辄止。对某一学科，应一鼓作气钻到底。遇到疑难，冷静思考，锐意突破。

10. 忌骄傲自满。自学最怕自满，骄傲自满，固步自封，无异于关闭了求知的大门。

祝你自学成功！

# 自学有没有"诀窍"

问：

感谢您关于自学"十忌"的指教。我还想请教一个问题，即自学有没有"诀窍"？若有的活，主要是什么？烦请老师在百忙之中再次赐教。谢谢。

答：

从许多自学成才者的经验来看，我以为，自学还是有"诀窍"的。主要表现在：

1. 要选好自学的书籍。不能抓到什么书就读什么书。在选定学科之后，应该读哪些书，先读什么后读什么，粗读什么精读什么，最好请教有关方面的专家学者或学有所长的人。

2. 要把基础打扎实。万丈高楼平地起。基础知识一定要学好。不要急于求成而忽视学习中的难点、关键点和系统性。否则，将来再调过头来补课，反而费了精力和时间。

3. 博采众家之长，不妨另辟新径。自学者有所短，也有所长，不被一个老师牵着走，有较大的灵活性、主动性，这一条是从师者所不及的。把更多的优势、更多的学习方法集中起来，容易有新的创造。

4. 不要赶时髦。有这种弱点的人，经常转移主攻方向，到头来很可能什么都懂一点，但什么都不大懂，这是自学者所不足取的。

5. 经常向人请教，以求得帮助。古人千里寻师，不辞辛劳，自学者更应有这种求知精神。

# 第三篇　家庭与生活

# 家长应怎样给新生儿做健康记录

**问：**

我妻子下个月就要分娩了，我俩感到非常激动，不管生男孩还是女孩，我们都要精心哺育。请您告诉我，孩子一生下来，怎样做健康记录。

**答：**

新生儿期的健康和疾病情况，往往对孩子以后的生长发育有一定影响，而父母亲和娃娃接触最密切，对孩子的一切观察最仔细，若能将所见到的随时记录下来，对今后孩子健康的评价将有重要的参考价值。

要做哪些记录呢？家长可按孩子实际情况，在下列表上划圈，并填写好空白，最好是父母亲自填写。

新生儿的健康记录

出生于____年____月____日

出生时体重____克（或市斤）

半月时体重____克（或市斤）

满月时体重____克（或市斤）

出生时会哭__是__否__经拍打后哭____

第一次吃奶时间：生后 4 小时____ 6 小时____ 8 小时____ 12 小时____

娃娃吸奶力　弱____一般____有力____

母奶足____不足____无奶____用____代替

黄疸于生后____天出现____天消退

脐带于生后____天脱落

脐凹部分泌物有____无____。光着身子时，手脚乱舞动吗？是____

否____

　　在眼睛前面用手晃动时，眼睛能跟随手转动吗？是__否__

　　在娃娃背后击掌时，能眨眼吗？是____否____

　　生后一个月内得过什么病？____经____医院（或医生）确诊

# 你的孩子患了神经官能症

问：

　　我的独生子今年 12 岁，读小学五年级。他在一至三年级时，学习成绩名列前茅，自尊心很强。可是从四年级起，成绩不断下降（分数常在 60～70 分之间），学习非常吃力，夜里常做梦，睡不好觉。给他服过"日列力宝"，未见好转，喝了几瓶人参蜂王浆，因鼻子流血，没敢再喝，也不知维生素可否使用？恳求贵报无论如何给予解答，为我的独生子和我的家庭分忧。

答：

　　你的来信我们特请有关医师给你解答。医师认为神经官能症是一种精神因素引起的高级神经活动暂时的功能障碍。这种病主要是由于长期神经紧张引起的。你孩子的这种神经紧张，可能与家庭和学校的教育方法有密切关系。

　　儿童神经官能症主要表现为头痛，记忆力差，思想不易集中，学习成绩下降，有时头昏、乏力、失眠、睡不安神、疑心重等；也有的儿童入睡慢、睡浅、梦多，白天精神不振；性情急躁，易激动，任性，严重的有眼花、怕声音、胸口发热、手脚麻木等现象。儿童的神经官能症一般比成人治疗效果好。

　　治疗方法：医生或患者的父母首先必须仔细了解孩子患病的具体原

因，针对病因耐心劝导，解除精神紧张因素，必要时让孩子休学一学期，陪同他一起去旅游、参观。但要注意保证睡眠，避免负担过重及其他紧张因素的干扰。

# 幼儿有摩擦生殖器的怪毛病怎么办

问：

几年来，有件事一直苦恼着我，特向贵报求援。我有一男孩，身体健康。在他2岁时，我发现他睡觉爱动，经过多次观察，原来他在摩擦生殖器。我问他为什么这样作，他说很痒。他的生殖器经常是勃起的，小便时，尿向右边歪。我带他去看医生，反映了上述情况，医生说没什么，开了"PP粉"给他泡洗。但他仍爱摩擦。我又带他看了中医，医生说他阳气太盛，但服中药后毛病仍未改。现在，次数越来越频繁，问题愈严重了。我只好吓唬他，甚至一经发现就打一顿，可他仍背着我们干。我也在其他方面找原因。记得我们曾请过一位老婆婆带他，那位婆婆抱他的时候，一只手喜欢抚弄他的外生殖器。这是不是造成这种后果的原因呢？为此，我们非常担心。请贵报给我指一条治疗孩子毛病的路，万分感谢！

答：

我们就你提出的问题，走访了泌尿科李宗仪医师。李医师认为：

1. 男孩多有包皮过长或包茎的情况。前者可以翻转，后者不能翻转，这种现象不足为怪。因为尿液排出不畅，而尿中含酸性碱性等毒物甚多，极易刺激局部，产生化学性炎症，奇痒难忍，因搔抓摩擦甚至形成溃疡。我看你的小孩可能属于包皮炎情况。处理办法有两种：一是药物治疗，可用硫酸镁溶液，浓度在25%～50%之间，浸泡阴茎头部（用一口瓶盛配好

的药液，后复使用），每日
1～2 次不等。每次浸泡约
10 分钟，然后用温水清洗
即可。但此法不易断根；二
是手术疗法，即找医生诊断
后，割除阴茎前端的包皮。
此法最佳，既可免除包皮发
炎，又利于阴茎发育。至于
你谈到的 PP 粉，医药名叫
高锰酸钾，有消炎作用，但

浓度应在五千分之一左右，不易掌握。

2. 幼儿大脑正在发育成长中，对阴茎勃起控制力尚低，故受刺激后极易勃起，这不是病态。

3. 有的老人有牵拉孩子阴茎的习惯，但不至于造成你所说的病态。

我建议你们还是先带孩子找泌尿科医生看病为上策，吓唬甚至打骂的做法是错误的。

# 少年近视怎么办

问：

我是一个初中学生，常为自己眼睛近视而苦恼。请问该怎么办才好。

答：

发现自己视力不好，应该尽快到医院检查，不要拖延，以免病情加重，使治疗发生困难。

如果是假性近视，可以通过注意用眼卫生、按时做视力保健操、散瞳、云雾法，以及针灸、激光穴位照射等方法加以治疗，经过一段时间的合理治疗，大多是可以恢复正常视力的。

如果是真性近视，说明眼睛已有器质性的近视改变，通过药物、针刺、磁疗等方法都难以使其恢复正常，而只能通过配镜加以矫正。一旦配戴了眼镜，就要坚持戴用。由于眼镜的作用，你的视力达到正常，视物省力，因而可以控制近视的发展。如果不肯戴镜，那么由于长期有视力疲劳，就会加速近视的发展而悔之莫及。

目前国内有个别医院开展了矫治近视的手术，但因这种手术要求设备精良，医师技术水平高，非一般医院所能达到。

希望你注意用眼卫生，防止加重近视。

# 小孩子酷爱喝冷开水是有病吗

问：

我有个 4 岁的男孩子，酷爱喝冷开水。早晨一起床后就喝，晚上睡觉前也喝，甚至刚吃肉后也喝。可说也奇怪，他却从未因喝冷开水而患过腹泻或着凉发热。请问，他这样常喝冷开水会影响今后的身心健康和正常发育吗？

答：

你的问题我请教了一位儿科老医师。他认为你的小孩只是爱喝冷开水，而其他方面又都发育正常，这不一定是疾病的反应，可以不去管它。但要注意，如果孩子爱喝冷开水，并有多尿现象，而且尿清如水，尿量也特别多，那就应到医院去查尿。如果尿的比重在 1.001～1.007 之间，就要考虑有患尿崩症的可能。患有此症的孩子经常口渴，多饮多尿，一天要饮水 4～5 千克，尿色淡如水，尿的比重低。如限制其饮水，孩子就感觉疲倦，头昏，高烧或体温不升，出汗少，皮肤干燥，食欲不振，营养发育不良。如有此现象，就应速到医院诊治。

另外，如果你的孩子患过肾脏疾病，病后肾功能衰竭，也会有多尿期。这期间孩子也有多饮多尿的现象。希望你注意观察孩子每日的入水量及尿量，并做必要的尿常规及尿比重的化验，即可确定孩子是否有病。

# 自觉克制手淫恶习

问：

我今年 15 岁，幼年时养成了坏毛病：爱拨弄肚脐眼，并蠕动生殖器。这些年来，一经抚弄，生殖器里就流出乳白色的粘液，里面还有些小白点。我怀疑这是病态，思想上背上了沉重的包袱，学习成绩也因此而下降。请问这该怎么办？

答：

你这个年龄的孩子，已进入青春期，有性的欲望和性冲动是正常现象。问题在于满足这种性需要应在你将来结婚以后实现而不是现在。用经常手淫或其他自我性刺激的方式来满足这种要求，就会对身体有害，并影响你的正常学习，你现在学习成绩的急剧下降，不能说与此无关。好在你已经知道手淫的危害了，当前，你必须增强理智，自觉地克服这种不良的习惯。

如何克服手淫的恶习呢？首先，要把精力集中到紧张的学习中去。另外，要开拓广泛的兴趣发展渠道，使兴奋点转移到有益于身心的正常发展方面；平时的学习、娱乐等活动要合群，不要一个人独处；课余多参加体育活动和搞点家务劳动；上厕所时尽量做到和同学一块去，一块出来；睡觉时要穿宽松的内裤，养成侧身睡觉的习惯，因为入睡后阴茎会自动勃起，这样做可以减少对阴茎的摩擦刺激；洗澡时应洗净包皮尿垢，但不要过多去搓弄阴茎。还有一点必须注意，就是不要去看黄色淫秽的书报、录像。

总之，要靠你自己的理智和顽强毅力去克服手淫的不良习惯，医治这种恶习的药物是没有的。

# 女孩子出现哪些情况需要看妇科

问：

有一天，我带女儿到医院儿科去看病，医生问了情况后，要我女儿去妇科就诊。我感到很奇怪，我女儿才9岁，为什么需要看妇科呢？

答：

女孩子的妈妈要经常注意孩子在生长发育过程中的身体变化。一旦出现下列情况，就要带孩子去妇科门诊。

1. 8岁以前有阴道流血。

2. 16岁尚未来月经。

3. 月经初潮后闭经半年以上或者月经规律后又闭经5个月以上。

4. 月经紊乱或过多，时间过长。

5. 严重的痛经。

6. 白带过多，并有黄色泡沫或者血丝。

7. 下腹部有包块。

8. 外阴部瘙痒。

9. 急性下腹部疼痛。

10. 乳房不发育。

11. 周身多毛。

12. 阴部创伤等。

以上这些情况，都是异常现象，做妈妈的，应当带孩子去妇科查明原因，早期治疗。

# 缺乏父爱的孩子为何发育差

问：

我丈夫不论有事无事都很少接触孩子，我不是怕自己累了，而是觉得这样对孩子不好。你能帮助我说服我丈夫么？

答：

你说得有道理。许多调查材料表明，缺乏父爱的孩子比其他孩子发育要差。父亲老不同孩子接触，对孩子的身心健康和智力发育都会产生相当大的影响。据研究，一天与父亲接触至少 2 小时的男孩子和一个星期与父亲接触不到 6 小时的男孩子相比，前者不仅更聪明，且人际处理得较融洽。

尽管父亲和母亲对孩子拥有同样的权力并负有同样的责任，但两者分工并不相同。同样与孩子做游戏，父亲与孩子玩的方式和风格往往更开放，更带冒险性，更剧烈一些，这是母亲难以代替的。父亲应该给孩子显示出勇敢、坚毅、强悍、有魄力等男性特征。这样作对孩子形成正常的性别心理，今后在社会上扮好自己的性别角色都是有好处的。如果只有母亲的单一影响，显然是不够的。对女孩子来说，也很难使她们了解到男性如何生活，及其与女性的不同等。

# 我的孩子是否患 "多动症"

问：

我的孩子8岁了，小时候患病过多，现在食欲差，情绪不正常，注意力不能集中，爱损坏玩具和学习用具，有时一天要用2～3支铅笔。在学校里老师上课好像与他无关，学习跟不上。主要是注意力不能集中，不听讲。在家里做作业时，如果碰到难度较大点的难题不愿意思考，不是发脾气就是高声喊叫。如果遇到一点不称心的事甚至用头去碰墙。但也不算十分呆笨，对有些小事情反应很快，模仿能力不算特别差。

看了贵报刊登的关于儿童多动症介绍，症状与我的孩子相似。我们做父母的十分着急。为此烦请你们帮助解答一下：我的孩子是否患有儿童多动症？什么地方能诊断？

答：

就你来信中提出你8岁的孩子是否有 "多动症" 的问题，我们走访了武汉市精神病院院长刘安求。他认真研读了你的来信后，做出了如下解答。

1. 你的孩子是否患 "多动症" 的问题。根据你信中的描述，主要表现为：注意力完全不能集中，老师上课好像与他无关，做作业不愿思考；动作多，损坏文具，有时一天就要用3支铅笔；情绪不稳，任性，碰上不称心的事甚至用头碰墙；学习困难，成绩跟不上，等等。这些表现属于儿童多动症最常见的临床症状。加之年龄正当7～8岁，这也是多动症表现最突出的年龄。因此，你的孩子有可能是患了 "多动症"。但是你信中又提到孩子小时患病过多，是否患过脑炎、高烧抽搐之类的病，因为这些病的后遗症也可出现上述表现，其主要鉴别点在于是否有智能障碍。

2. 如果在当地医院排除了脑炎后遗症及精神发育不全，你姑且按"儿童多动症"进行治疗观察。治疗要点：①心理治疗：家长、教师要对"多动症"有所认识，不能把这些儿童当调皮捣蛋而加以厌恶，甚至惩罚，应当耐心说服教育。可采取一些诱导和训练的措施：如组织有益的集体活动，有针对性地安排作息制度，在训练中根据行为表现，给予奖励和象征性"惩罚"。逐渐矫正一些不良行为。②药物治疗：目前比较常用的是利他林，每片 10 毫克，8 岁的小孩，每天量 1～2 片，分两次，早、中饭前口服，星期天可以停服。如果有效，副反应也不大，可持续服用数月之后再调整药量，甚至可停药数周进行观察。

3. 你如果有机会来武汉市，可到武汉市精神病院，星期日儿童学习困难专科门诊进行诊疗或咨询。地点：汉口游艺路 70 号（六角亭）。

# 怎样培养孩子良好的饮食习惯

问：

我的孩子每次吃饭，都要弄得大人劳神费力。我们生怕他没吃饱，但他就是半天不张口。你说，该怎样培养孩子良好的饮良习惯呢？

答：

良好的饮良习惯，非常重要。你可以从以下几个方面想想办法：

1. 坚决不让孩子挑食、偏食和常吃零食。挑食和偏食都会妨碍孩子多方面的营养摄取，造成营养不良。常吃零食，不仅败坏胃口，还会造成消化功能紊乱。

2. 吃饭要定时定量。这样可以使吃进的食物有规律地消化和吸收，也促进食欲。对孩子爱吃的食物，也要加以适当节制。节假日不能暴饮暴食，否则浪费了营养素，还容易引起胃肠道疾病。

3. 吃饭时要细嚼慢咽。孩子吃饭时，不要催促孩子。细嚼可使食物在口中充分磨碎，减轻胃的负担；细嚼还能反射性地促进胃液分泌，增进食欲。由于细嚼运动，还有利于颌骨发育，增加牙齿和牙周的抵抗力。幼儿每次吃饭时间应为15～30分钟。饭后休息半小时，不要刚吃完饭就睡觉或做剧烈活动。

4. 吃饭时精神要集中。安静、愉快的进食环境，有助于食物消化。吃饭时，不要逗笑引起兴奋，也不要训斥、责罚引起孩子难过。让孩子安静地坐着吃，不要边玩边吃，更不要到处跑着吃。

5. 注意吃饭时的卫生。饭前、便后洗手，饭后漱口，用毛巾擦手、擦嘴。吃饭过程中不擦地、不扫地。

# 孩子升学考试在即如何增强营养

问：

我有两个孩子，儿子读初三，女儿上小学六年级，都面临着毕业升学考试。他们每天学习到深夜，脑子负担很重。我除了在日常饮食中注意给他们增加营养外，还准备给他们服些补脑的药物，请问哪些营养品比较适合，服用时还应注意什么？

答：

关于你的两个孩子如何加强营养的问题，有关医师谈了以下看法，供你参考。

由于孩子正处在成长发育阶段，营养是十分重要的，如何才能行之有效地加强营养，却又是个复杂的问题。

1. 首先也是最重要的，是要明确"食补重于药补"的观点。现在小孩子的生活水平高了，但患营养不良和贫血的并不少见。究其原因，多为营养不当，偏食挑食引起。所以要教育小孩不要挑食，什么都吃，是非常重要的。虽然蛋白质对机体的成长很重要，但长期高蛋白饮食是要生病的。青菜萝卜含有丰富的营养物质和维生素，所以加强营养要以"吃"为主，食谱要多样化，每天加一磅牛奶是必要的。

2. 适当的增加夜餐是补充营养的好办法。一般家庭下午六时左右吃晚饭，孩子要学到十点左右才能睡觉，孩子睡眠前就有点饿了，如在饥饿状态下睡眠，体内一夜都处于低血糖状态，对肝脏是不利的。如次日早餐又马马虎虎，就更不好了。所以晚上九时左右吃一点稀软易消化的食物是必要的。但夜餐绝不可吃大油大肉，也应少吃甜食，睡前吃甜食胃肠不适，也易发生龋齿。

3. 少吃零食，少吃甜食。人体胃内空虚时，胃酸分泌增加，产生食欲。因甜食会中和胃酸，使饥饿感消失，到吃饭时就没有食欲了。

4. 市面上卖的营养品很多，不外各种冲剂、蜂王浆、健力宝等，可能都有些帮助，但都代替不了食物，也代替不了奶粉，你可酌情选用。


# 父母教育孩子的态度方法应该统一


问：

有个小孩做错了事，爸爸用木棍打他，他妈妈反而把爸爸批评了一顿，这样做好吗？

而另有一个小孩，在某一天放学后，他到别人家里去玩，他妈妈找来了，不问情由，就用木棍向小孩打去。请问这样用木棍打小孩对吗？以上两件事应怎样看待？我等着你们的答复。


答：

从来信看出你是一个勤于观察并喜欢动脑筋的孩子。关于你提出的两个问题，我们的意见综合起来有以下三点。

1. 父母对儿童的教育态度和方法应该统一，而且要前后一贯，否则子女就会感到无所适从。有人认为父亲往往失之过严，母亲往往失之过宽，让他们一个唱黑脸，一个唱红脸，不正好宽严相济吗？我们不同意这种看法。因为父母双方对教育子女态度和方法的分歧，会使子女感到无所适从，莫衷一是，危害很大。我国著名的幼儿教育老专家陈鹤琴教授指出："教育方法的宽和严，应以事体的性质为根据，不应以施教者为根据。"

2. 我们认为对屡犯错误的孩子可以给予适当惩罚。但不宜用木棍没轻没重地施加体罚。你说的第一个小孩的妈妈当爸爸用木棍体罚孩子时，正确的做法应该是把孩子领开，同时批评他的错误（如孩子有错是事实），事后再避开孩子，指出爸爸粗暴的教育方法的不当。

3. 不论大人或孩子都是有羞耻之心的，对于孩子的羞耻之心应注意培养和保护。所以做父母的不应当着别人的面去责骂孩子，更何况拿木棍找到别人家去打自己的孩子。这样做，孩子感到莫大的耻辱，对父母产生深深的怨恨，甚至变成丧失了自尊心。如发展到这样，孩子就很难教育了。

# 什么是"和谐家庭"

问：

你好！我们都是妇联干部，经常接触到一些家庭妇女，不少家庭夫妻关系很紧张，我们想在评比"五好家庭"之外，专门在本地区开展评比"和谐家庭"的活动，以促进家庭关系的改善。但不知"和谐家庭"有哪些特点，请指教。

答：

首先我希望你们的活动圆满成功。你们提的问题，就我们的认识，介绍几点供你们参考。

和谐家庭的家庭成员都有热爱社会主义祖国的共同感情；遇到困难，家庭成员能互相支持；在家庭里，每个人都能充分表达自己的意见，说自己想说的话，彼此亲近和睦，互相尊重对方意见和隐私；还能共同分担家务；夫妻之间相敬相爱，能互相看到彼此的优点和对自己的好处，遇到问题能相互理解和谅解。除此之外，家庭中还应充满幽默和欢乐的气氛；孩子们有一个健康成长的环境，有一个可以回忆的幸福童年；全家人都喜欢共同生活在一起。

# 我国有关未成年人的法律规定

问：

我是山村里一小学教师，在"依法办事"的今天，我经常要接触到有关未成年人的法律知识，请问我国有哪些法律内容涉及包括儿童在内的未成年人。请予赐教！

答：

就我所知，按未成年人的年龄段来说，有以下一些法律规定：

6岁：根据《义务教育法》规定，年满6岁的儿童，应当入学校受规定年限的义务教育。条件不具备的地区，可推迟到7岁入学。如果违反以上规定，由当地政府对他的父母或者其他监护人批评教育，并采取措施责令送子女或者被监护人入学。

7岁：根据我国《道路交通管理条例》的规定，学龄前儿童（7岁之前）在街道或公路行走，须有成人带领。否则，出现交通事故，其监护人员有一定责任。

10岁：根据《民法通则》规定，不满10岁的未成年人为无民事行为能力人，他们从事的民事活动无效。

12岁：根据《道路交通管理条例》的规定，未满12岁儿童不准在道路上骑自行车、三轮车和推、拉人力车。否则，出现交通事故，其监护人员有一定的责任。

14岁：根据《刑法》和《民法通则》的规定，未满14岁的人为完全不负刑事责任人。他们实施的危害社会的行为，应责令其监护人严加管教，并承担经济赔偿责任。

16岁：根据《国营企业招用工人暂行规定》，年满16岁，身体健康，具有初中以上文化程度，现实表现好的青少年，企业方能录用。否则，应当追究有关人员的行政责任。

18 岁：根据《民法通则》规定，10 岁以上不满 18 岁的未成年人，是限制民事行为能力人。他们只能进行与其年龄、智力相适应的民事活动。

# 维护儿童合法权益有哪些法律规定

问：

常从报上读到"维护儿童合法权益"这样的话。我不晓得究竟有哪些法律规定，请你告诉我，好吗？

答：

在《宪法》中，有公民的人格尊严不受侵犯，禁止用任何方法对公民进行侮辱、诽谤和诬告陷害（第 38 条）；有受教育的权利和义务（第 46 条）；有儿童受国家的保护，父母有抚养教育未成年子女的义务，和禁止虐待儿童（第 49 条）。

在《婚姻法》中，有保护儿童的合法权益（第 2 条）；父母对子女有抚养教育的义务，父母不履行抚养义务时，未成年的子女有要求父母付给抚养费的权利；禁止溺婴和其他残害婴儿的行为（第 15 条）；子女可以随父姓，也可以随母姓（条 16 条）；父母有管教和保护未成年子女的权利和义务，在未成年子女对国家、集体或他人造成损害时，父母有赔偿经济损失的义务（第 17 条）；非婚生子女享有与婚生子女同等的权利，非婚生子女的生父，应负担子女必要的生活费和教育费的一部或全部，直至子女独立生活为止（第 19 条）；国家保护合法的收养关系（第 20 条）；继父母与继子女间，不得虐待或歧视（第 21 条）；有负担能力的祖父母、外祖父母，对于父母已经死亡的未成年的孙子女、外孙子女，有抚养的义务（第 22

条）；有负担能力的兄、姊，对于父母已经死亡或父母无力抚养的未成年的弟、妹，有抚养的义务（第23条）；父母与子女间的关系，不因父母离婚而消除。离婚后，子女无论由父方或母方抚养，仍是父母双方的子女。离婚后，父母对子女仍有抚养和教育的权利和义务（第29条）。

# 父兄有责让子弟受完义务教育

问一：

看了贵报《一个超智儿童成了留级生》这段报道后，我对童云这位年仅9岁的小朋友的遭遇感到十分惋惜！

生活中类似这样的事并非鲜见，我自己就是其中之一。由于同样的苦恼，我在初中二年级时已退了学，但我多么想像过去那样发挥我的全部智能啊！请问像我这样的孩子，在新的环境里能否恢复过去的智能？我现在该怎么办？请你们给予指导。

问二：

我有一个弟弟，已14岁了，却还在读小学五年级，学习成绩很不好。他经常和一些不三不四的小伙伴在一起玩。真是打不知痛，骂不知羞，"朽木不可雕也"。父母对他已经伤透了心，不想让他再在学校里混下去，打算早点弄他回家种田学点本事。可我这当哥哥的却感到不忍，但又无能为力。请问，我该怎么办呢？

答：

你们两位提出的问题，虽各有不同的具体情况，但中心都涉及青少年的学习问题。

首先建议你们认真学习一下我国的《义务教育法》。教育法规定，一般城市的每个合格公民都应受完从小学到初中的九年制义务教育。这是义务，也是权利。国家和家长都有责任保障青少年的这项基本权利，不能让他们中途失学。其次应知道婴幼时期、青少年时期是长身体、长才智、受教育的黄金时代，心理学家的研究指出，假如一个人的智力开发到 17 岁时为 100％，那末 4 岁前获得的为 50％，4～8 岁获得的为 30％，8～17 岁获得的为 20％，如果错过了智力培育发展的最佳期，即令加倍努力，也难以达到应有的发展高度。

如果初二年级时已退了学，姑且不论这错误应归咎于谁，都应及时予以弥补、抢救。切实可行的办法最好是回原校申请复学，如年龄已过，就应设法参加社会上适于自身条件的技术学校学习。有一技之长，参加了工作，在工作中还有继续学习和提高的机会。看来你是个聪明的孩子，有了学习和工作的机会后，原有的才智，自然相应地会得到恢复和发展的。如只空自惋惜嗟叹，坐失良机，前途将不堪设想。望你慎思明辨，切勿一误再误。

对于弟弟的学业，一定要劝说父母千万别让你的弟弟失学。其次，做为兄长，应把你弟弟的特殊情况，向他所在学校的校长或老师（特别是班主任）作详细的反映，取得老师的同情和支持，共同找到你弟弟的病根，才能对症下药，把他的毛病治好。从来信看出，你是个聪明懂事的孩子。我们认为你跟你弟弟之间，由于年龄相近，思想心灵上都易于互相沟通，如你能充分发挥这种优势，在生活、学习和游戏方面，有意识地跟他打成一片，逐渐成为他的知心朋友，这就有可能找到他思想上的主要病根，再取得老师和同学的有力支持，情况是会逐步好转的，希望你勇敢地细心地进行这种探索，并将进行的情况及时告知我们。当然，常跟你弟弟混在一起的不三不四的小伙伴，应采取暂时疏远和隔绝的措施。

# 什么是虐待罪

问：

在我的班上，有个学生常常遭到父亲的打骂，有时还不让吃饭，我很气愤。请问，能不能以虐待罪向法院起诉？

答：

你这般热爱你的学生，我很钦佩。

所谓虐待罪，是指对共同生活的家庭成员，经常以打骂、冻饿、禁闭、有病不给医治或者强迫做过度劳动等方法，从肉体上和精神上进行摧残迫害，情节恶劣的行为。它有以下四个特征：

1. 虐待罪侵犯的是家庭成员间平等的权利义务关系，同时也侵犯了受害人的人身权利。

2. 虐待罪有各种各样的虐待行为，有的是加害于被害人的肉体，有的是加害于被害人的精神。虐待行为必须是在一定时间内具有一贯性、经常性。家庭成员间偶尔发生殴打、辱骂的行为不能认为是虐待行为。

3. 虐待罪的主观方面是故意，即有意识的、明知故犯的。

4. 虐待罪的主体必须是具有一定的亲属关系或扶养关系的家庭成员。对非家庭成员的虐待行为，不构成这种犯罪。

刑法第182条规定：虐待家庭成员，情节恶劣的，处2年以下有期徒刑、拘役或管制。因虐待而引起被害人重伤、死亡的，处2年以上7年以下有期徒刑。犯有前款罪，告诉的才处理。虐待罪，除引起被害人重伤、伤亡或被害人因受强制或禁闭无法告诉的，人民检察院和被害人的近亲属也可以告诉。

# 原丈夫不让我看孩子对吗

问：

两年前，因感情破裂，我与孩子的父亲分手了。孩子由法院判给男方抚养。我几次想看孩子，他父亲就是不肯。这对吗？

答：

他这样做是不对的。

按照新婚姻法的规定精神，夫妻离婚只是男女双方婚姻关系的解除，但是，双方与其亲生子女之间的血缘关系以及抚养责任并不因父母的离婚而有所变化。离婚后，法院调解或判决由哪一方负担和抚养，都不能改变其子女与双方父母之间的法律关系。所以作父母的均无权将子女视为自己的"私产"。那种不让对方和子女见面的做法，是违背婚姻法规定的。

你可以去看孩子，孩子也可以来看你。对方若执意不从，你有权通过法院做出裁决。

# 对无力抚养的孩子怎么办

问：

8 年前，我们夫妻生有一孩儿，本不应该再生育了，可她去年又生了第二胎（一对双胞胎）。对于有的人来说这是千金难买的事。可我却苦于无人照料，家中环境又不是那么富裕，她一人在家既要劳动，又要料理家务。大人吃点苦算不了什么，却苦了孩子，我担心孩子得不到很好的照顾，将来跟不上时代的要求，所以想把孩子送给一个家庭比较富有并没有子女的人家，可我爱人却怕人笑话，说我们没本事，没志气，图舒服。我很痛心，请问这事该怎么办？

答：

读了你的来信，不禁使我想起台湾电视连续剧《星星知我心》来。这里我不打算赘述《星》剧的故事情节，我只想强调一点：剧中那位母亲——王太太对她那五个孩子的处理和安排是细致周到的，不仅体现了她对子女真挚深厚的爱，而且完全符合"父母之爱子，则为之计深远"的这一重要原则。

世间的父母，谁不疼爱自己的子女，恨不得把他们紧紧箍在身边，朝夕提携棒抱，逗弄取乐，这也是人之常情。但是具有远见卓识的父母，则知道只顾眼前短暂的欢娱，而误了子女的将来，误了孩子的学习和成才之道，是不行的。这就是王太太的思想比一般人高出一头的可贵之处。

当然王太太所处的环境跟我们很不相同。至于你们夫妻，八年前已生一子，在我们厉行计划生育的新社会，这第二胎本来就是不该生的。你们目前所造成的矛盾和痛苦，完全可以说咎由自取。但俗话说："亡羊补牢，时犹未晚"，你当前的打算，既可解脱你们的困境，又符合子女的长远利益，我们认为这还是比较实事求是、切实可行的。至于怕人笑你们没本事，图舒服等，看来都是世俗之见，没有计较和考虑的必要，只要你们把无力负担的子女问题妥善地处理好，今后在自己的工作岗位上认真地做出成绩，并把留下的子女抚育好，用事实来说明你们今天这一决定的正确，人们自然都会理解的。

# 要尊重儿女的婚姻自由

**问一：**

我有一个表姐和一位小伙子相爱，但是双方父母坚决反对。原因是表姐和小伙子是一个祠堂的。双方父母的理由是：同一个祠堂的结婚后，别人不仅会笑话，而且称呼也不方便。因此，这事拖了三年之久。现在还未处理好，表姐和小伙子都非常苦闷。请问他们能不能结婚，有什么高招可做通双方家长的思想工作。

**问二：**

最近我们附近村里发生一起人命案：一个结婚 3 个月的的青年离家出走，几天后忽又偷偷地摸回家来，在家附近的河里自杀了。原因据说是女方不喜欢他。从新婚之夜起，新娘就一直身穿很多衣服，腰系三根皮带睡觉，多半的时间都在娘家或相好的女伴家里住。男方受不了精神的折磨就愤然离开了人世。请问这事家长应负什么责任，女方这种做法对不对，是不是精神谋杀？

**答：**

你们提出的问题，虽各有不同的具体情况，但总的说来都涉及一个学习《婚姻法》，运用《婚姻法》的问题。

婚姻自由原则是《婚姻法》的核心，是受到法律保护的。但常言说得好，"徒法不足以自行"，时到今日，男女婚姻的自由幸福，依然还要靠自己理直气壮地积极去争取。

对那位已牺牲了生命的男青年，我们还忍心再谈什么呢？就连那位女青年吧，我认为她的所作所为，也是迫于无奈的，她一开始就不喜欢这桩婚事，因此他们二人同是封建包办婚姻的受害者，并不存在谁对不起谁，和谁害了谁的问题。应负罪的是与包办婚姻有关的那些人，他们应受到良心的谴责。

关于"同一个祠堂"的这类性质的问题，我们认为一切有关婚姻的问题，都应该而且只能以婚姻法作为唯一的准绳，一切的"法外之法"都不必承认或屈从。婚姻法规定"直系血亲和三代以内的旁系血亲禁止通婚"①。如果擅自改为"凡一个祠堂的都不许通婚"，那就是"法外之法"，对这些封建的"族规"和"家法"不能妥协和让步。至于如何做好双方家长的工作，当事人要根据双方父母的特点掌握有利的时机，恳切、耐心、细致、委婉地和他们交心谈心，让他们真正懂得只有充分尊重子女的婚姻自由，才能保障子女的终身幸福，另外还要争取各自单位的领导和对双方家庭有影响的亲友们的理解，请他们出面对双方家长做些说明解释工作。但要强调一点，就是当事人本身的决心和勇气，是这场斗争胜败的关键。对于古往今来许多受迫害的善良人，人们常有"哀其不幸，怒其不争"的遗憾，愿我们不再让后人留下这样的遗憾吧。

# 姊妹俩能嫁给兄弟俩吗

问：

我有一个老表和一位姑娘相爱，但双方的父母却坚决反对。原因是这位姑娘的姐姐已嫁给我这位老表的哥哥。双方父母的理由是姐姐和妹妹不

---

① 直系血亲，指生育自己和自己所生育的上下各代亲属。如父母、祖父母、外祖父母、孙子女、外孙子女等。

旁系血亲指直系以外的在血缘关系上与自己同出一源的亲属。如同胞兄弟姐妹、表兄弟姐妹、叔伯姑姨舅等。

能同嫁一家，这样别人不仅会笑话，而且后代称呼也不方便。因此，为这事拖了一年之久，现在还未处理好。姑娘和我老表都非常苦闷。请问他们能不能结婚，有什么高招做通双方家长的思想工作？

答：

我们认为一切有关婚姻的问题都应以《婚姻法》作为准绳。姊妹俩不能同嫁兄弟俩的说法，在《婚姻法》里是找不到任何根据的。因此你的老表没有妥协和让步的必要。

《婚姻法》第四条明确规定："结婚必须男女双方完全自愿，不许任何一方对他方加以强迫或任何第三者加以干涉。"父母对于子女，虽有特殊关系，但在婚姻问题上，他们无权包办和强行干涉子女的婚事。

在具体作法上，我们认为首先是当事人应勇敢地以《婚姻法》作武器，理直气壮地向各自单位的领导和有关的亲友畅叙胸怀，明确表态，争取他们的理解和支持，一道向双方的父母做些劝慰、解释、说服工作。更要注意的是当事人要根据双方父母的性格特点，掌握有利的时机，以恳切

的态度耐心细致、委婉曲折地和他们交心谈心，让他们逐步理解。其次是利用宣传资料，不断地对他们施加影响。俗话说：精诚所至，金石为开，只要工夫到家，相信双方的父母是会逐渐改变他们的看法的。

# 继女能否和继父的兄弟结婚

问：

　　我的邻居有位 40 多岁的寡妇曾某，经人介绍带着 18 岁的独生女改嫁到刘家。但曾的女儿与继父的四弟是同学，从小青梅竹马，去年两人高考落榜回乡，双方愿意结为终生伴侣。此事公开后，小曾（跟母姓）的母与小刘的哥都极力反对，村里人流言蜚语就更难听了。现在，小曾和小刘在群众面前赤脸报颜。但也有一些好心的青年说这婚事只要不是血缘关系，可以结婚。究竟能否结合，望编辑直言不讳地回音，以消除他俩心中的疑虑。

答：

　　我们就你提出的问题同一位律师进行了交谈，这位律师认为继女能否与继父的弟弟结婚的问题，是一个涉及法律、伦理和风俗习惯等方面的特殊问题。

　　按我国婚姻法的规定，只要是男女双方完全自愿而不是直系血亲和三代以内的旁系血亲，并且符合婚姻法的规定就可以结婚。所以，你来信中所反映的曾某的女儿与继父的弟弟结婚是完全合法的。

　　但是，由于我国封建社会长期形成的伦理观念和风俗习惯还未完全消除和改变，因此会有部分人认为这样做是违反伦常，逆性背理的。曾的母亲和刘的哥哥都极力反对，村里的流言蜚语等就是这类反映，这是不足为奇的。面对这些，我认为，小曾和小刘在群众面前完全不必"报颜"，而应根据婚姻法向他们作必要的解释和宣传。如有人粗暴干涉阻扰他们的婚姻自由，则可向司法部门诉请保护。

当然小曾和小刘结婚后，会遇到一个称谓的问题。其母和继父仍按父母称呼，小刘对曾母可称岳母，对其兄小曾仍应称兄。在某些特殊场合，如确有不便时，也可采取暂时回避的灵活态度。以上意见供参考。

# 夫妻怄气怎样解脱

问：

我和丈夫结婚五年了，有一个孩子，感情不很坏。只是近半年往往为一点小事发生争吵，吵了就免不了怄气。怎么办？

答：

你和丈夫有时发生争吵，当然会引起你一些烦恼。夫妻之间争吵，固然有一方是主导因素，但往往难以说清完全是哪一方不对，所谓"清官难断家务事"呵！这里有个夫妻间要互爱、互敬、互相谅解、互相体贴的问题。至于如何从这种争吵和怄气的心理氛围中摆脱出来，我认为：

1. 应当极力避免负性情绪刺激。争吵和怄气时，必然产生怨恨、烦躁、悲伤和愤怒等情绪，这些情绪在心理学上称之为负性情绪。负性情绪经常发生，就会蚀化夫妻间的恩爱之情，也会影响自己的身心健康。所以，夫妻之间应经常保持心理上的沟通和情绪上的和谐。当一方心烦意乱时，另一方应劝慰体谅，不可火上加油。当一方气盛难平时，另一方须冷静沉稳，使之怒散气消。事实上，只要做一个角色转换，便可体察到对方的需要，知道自己应该怎样做了。

2. 要充分发挥理智的调节作用，即保持自我控制的能力。可多考虑以下几个问题：争吵、怄气是伤感情的，不应使之继续而应使之缓解；赌气、发火会使矛盾越来越大，不利于矛盾的解决，反而有损夫妻关系和身心健康；多想对方的好处、在家庭中的作用；如当着孩子吵架，孩子会难受，无安宁感，无所适从；要争取做有高姿态、有修养的一方。

3. 夫妻争吵有时难免，但要讲究艺术。注意不要图自己痛快，翻陈旧老账，不给对方造成心灵上的创伤；承认自己的缺点，同时尊重对方的意见；不要为私生活吵，那是应该小心商谈的事；讲求分寸，语言要准确，避免意气用事而使用尖刻语句刺伤对方。如出现剑拔弩张的僵持局面，要设法转移注意中心，也可借故"脱离现场"，在"休战"中谋求和解。还可请长者来劝导，请亲友来说和，或设法重温旧时热恋之情，这些都是可取的好方法。

以上是双方都要注意的，因此，请你将此信让你的爱人也认真看一看，想一想。

# 加强学习，增进理解，缩短两代人之间的差距

问一：

我想向你请教：打骂能教出好子女来吗？与男同学一起交谈、看电影就是早恋吗？家长对此很重视，我也不明白。请问这该怎么办？

问二：

我的父母经常议论我的姐姐、姐夫，说他们不爱喊"爸爸妈妈"，不爱做家务。我该怎么办才好？

问三：

在我们家里，弟弟、妹妹做错了事，爸爸妈妈指责他们时，总要把我带在里面，许多家庭琐事上出了问题，也常把责任推到我头上。比如有一次，我上辅导课回来，炉子灭了，妈妈就大发雷霆，我申述了几句，妈妈

就说我犟，要"收拾"我，把我吓走了。还有什么盒子丢了、盆子不见了之类的琐事都唯我是问，吃饭时摔碗摔筷，使我害怕。我在城关一小读六年级，马上就面临着毕业考试了，但爸爸妈妈仍把沉重的家务劳动加在我身上。我给他们读《家长报》，他们不爱看，还用手把我推开，连声说"去！去！"请编辑叔叔帮我解决一下这些问题。

答：

你们和家长的矛盾，我认为主要是两代人之间缺乏相互理解的问题。

由于社会的迅猛发展，在两代人之间原有差异的基础上，显然更大大增长了距离。甚至存在着巨大的悬殊。如何改变这种现状呢？我认为首先消除两代人之间情绪上的对立，增强相互间的了解。从来信看来，你们都已是相当懂事的孩子了。一个懂事的孩子，不仅要能看到父母在教子方面的不妥之处，还希望你们能体谅父母抚育子女的一番苦心，对父母的意见或要求，也应冷静地从积极方面思考一下：比如打骂子女是错误的教育方法，但不能以此便否定了父母对子女的爱。把男女同学之间的正常交往都视为早恋的现象显然是不正确的，但对早恋的危害性，青少年的确还应有深刻的认识，不要一听到这样的告诫就感到腻烦，甚而产生逆反心理；还应想到为什么我们的父母对这些问题那样敏感、那样看重，难道这里不正包含着父母对子女的一份深沉的爱吗？我们应当如何以自己的行为解除这种好心的过分担忧呢？

此外当父母把过于繁重的家务劳动加在你的头上，特别是当你面临毕业考试的前夕，这当然是不近情理的，但你应当寻找适当的时机向父母婉言申述，不能生硬简单地加以回绝；另外还应知道你是家里的大孩子，在多子女的家庭中，父母承担着一家大小沉重的生活担子，你本来就应该自觉地承担一些力所能及的家务劳动，特别是带好弟妹，帮助父母照顾他们的生活，辅导他们的学习，主动积极地为父母分忧，决不能把这些都单纯地看做是父母的事。试想我们做子女的如都能这样做了，父母能不对我们关心得更多，疼爱得更深切吗？爱是父母与子女之间最有力的亲合剂，父母关心子女，子女也该敬爱父母。

当然要从根本上改善家庭关系、解决各种矛盾，还是要认真学习。你们希望家长看有关家庭教育的刊物，这种愿望很好。希望你们像有的中小学生那样为父母代订这方面的报刊，这会引起家长的逐步重视。此外还有些外力也值得借助，那便是你们的老师和对你们父母最有影响的亲友，争取他们的同情谅解，并希望他们把你们的意见适时地向你们的父母转达。不过当父母家务繁忙，或工作不顺心的时候，你们不宜絮絮不休地去打扰他们。有的意见可在适当的时候与父母交心谈心，有的可先取得妈妈的支持再和爸爸交谈，反之也有的应先取得爸爸的谅解，再向妈妈提出。有的事宜于口头表达，有的宜以书面的方式表达；有的问题应及时提出，有的宜静待时机……总之纷繁复杂的家庭问题，既要有专门性的科学知识作指导，又应有亲密无间、经常性的民主、和谐的接触交谈，才能得到合理的解决和健康的发展。

# 让生活重新变得明朗

问：

本来，我是一个很要强的女孩子，可是家庭的破裂，使我陷入了一种不堪其苦的境地，对美好的憧憬失去了信心。

去年，爸爸妈妈不知为什么常常吵架，有时竟拿我发泄，无缘无故地痛骂我。今年3月，妈妈领着小妹妹走了，令我痛不欲生。真想不到生我养我的妈妈竟能如此狠心，抛下了我。妈妈走后，爸爸整天喝得醉醺醺的。他还时常找岔责怪我饭做得不好，劈头劈脑给我几个耳光，我真受不了这种苦不堪言的生活。

编辑叔叔，什么地方才有幸福呢？哪怕是一丝希望也好哇！

答：

你的来信中诉说了心中的痛苦与迷惘，相信许多家长都会同情你的遭遇，都能理解你的苦衷。一个孩子，母亲离开了，又得不到父爱，怎能不发出"什么地方才有幸福"的疑问呢？

我们认为，对于家庭中发生的不幸事件（不仅仅只是婚姻破裂），家长应采取明智的态度，切不可陷入迷乱的情绪中不能自拔。可有些家长却在郁闷与愁烦的压力下一蹶不振。这样不仅丝毫无济于事，而且还可能造成新的不幸与痛苦。比如你的父亲，夫妻离异后终日借酒浇愁，脾气变得暴戾，结果使他的女儿又遭受到新的痛苦。

在人生的途程中，谁都不可能始终一帆风顺。当在生活中遇到挫折与不幸时，要会自我宽慰，自我解脱，具体地说，就是要会从各方面想，会从未来的长远利益想。要力争做一个强者，鼓起勇气，面对现实，重新去开拓生活的道路。只有这样，才能渐渐抹去由于不幸所留下来的阴影，恢复对生活的信心。

我们衷心希望你的父亲，为了你，也为了他自己，能够振作精神，建立新的生活。使你重新感受到家庭的温暖，让生活重新变得明朗。

# 家长可否私拆孩子的信

问：

我现在已经中学毕业了。我有些相好的同学给我来了几封信，可是每封信都被我的妈妈私自拆开看过后才给我。我曾经跟妈妈说过，希望她不要私拆我的信，可我妈妈说："只要不拆别人的信，拆你的信有什么要紧呢？"

请问，家长是否能私自拆自己孩子的信？

答：

你的来信提出了一个家长和子女双方都应重视的问题。

首先，大家都应认识我国宪法第 33 条第一款的规定："凡具有中华人民共和国国籍的人都是中华人民共和国的公民。"公民的权利是受国家宪法及法律保护的。通信自由和通信秘密是公民最普通的基本权利，它涉及每个公民的切身利益，因此宪法及法律必须加以保护。法律规定公民的信件、电报、电话，不得随意扣押、隐匿或者毁弃，也不得非法开拆私阅或者窃听。除因国家安全或者追查刑事犯罪的需要，由公安机关或者检察机关依照法律规定程序对通讯进行检查外，任何组织或者个人不得以任何理由侵犯公民的通信自由或通信秘密。刑法规定，隐匿、毁弃或者非法开拆他人信件侵犯公民通信自由权利，情节严重的处以一年以下有期徒刑或者拘役。

其次，再来研究家长私拆子女信件的问题。我们的看法是对这个问题要作具体分析，区别对待。

美国有位心理学家把家长与子女之间的关系概括为以下四种：

1. 专断强横型：孩子完全没有做出决定和采取行动的独立性，大人的结论或决定是绝对不容违反的；

2. 民主型：孩子可以无拘无束地同家长讨论自己的问题并做出一些决定，但须在征得家长同意之后再予确定；

3. 平等自由型：父母和孩子都可以作决定，甚至最终决定由孩子来作；

4. 回避型：父母不再关心孩子，对孩子不闻不问，甚至与孩子不在一起生活。

这位心理学家就上述几种关系类型在七千名中小学生中征询了孩子的

意见，与事先预料的情况一样，民主型受到孩子们一致的热烈拥护，专断强横型遭到普遍的摒弃，这是毫不足怪的。出乎意外的是平等自由型竟也受到了责难，孩子们几乎一致认为"完全不干涉的态度是缺乏爱的表现"。另外也有材料表明，得不到爱是十几岁的孩子逃离家庭、企图自杀、吸毒、纵欲的主要原因之一。我国宪法规定，家长对未成年的孩子有抚养与教育的义务。家长拆阅孩子的往来信件，绝大多数出于对孩子的关心和爱护，这与一般私拆他人的信件是不相同的。正常的青少年，一般说来，也并不要求极端放任，不要求决然反对家长的干预，事实上多数青少年，特别是民主型家庭中的孩子，都有把内心的隐秘向家长倾诉的愿望和习惯，他们只不过是要在父母的关心与自己的独立之间寻求某种可以接受的关系罢了。当然，对于一个已中学毕业了，自我独立的意愿已相当强烈的孩子，你的妈妈还把你当小孩看待，未征得你的同意就拆阅你的信件，这种做法显然是错误的。但从另一方面设想，且不说你可能尚未成年（即未满18周岁），智力和生理上还未发育成熟，还不能享有全部的公民权利，即令你已经具有全部享有公民权利的资格了，但父母和子女关系是极为亲密的，也许在生活和工作中，你还有时期待着父母恳切而正确的指导吧？因此对于你的妈妈私拆你信件的问题，建议你在适当的场合，根据宪法和法律的精神委婉地向妈妈讲清道理，务必要讲究方式方法，态度切忌生硬，以免刺伤了父母的心。

另外，做父母的一定要学法懂法，还要学点青少年的心理学，懂得科学教子的重要。对已成年的子女，应知道他们虽是自己的孩子，也是国家的公民，要充分尊重他们的基本公民权利，不要做违法的事；对尚未成年的孩子，在教育中也要注意发扬民主，摒弃封建式的专断强横，平时要善于跟子女平等亲切地交心谈心，以了解其思想行为，私拆信件的做法是不足取的。

# 孩子也有隐私权

问：

　　我是一名初三学生，妈妈常趁我不在的时候，翻查我的书包，看我的笔记、日记等。我很不高兴，她却说作为妈妈有权这样做。请问，是这样的吗？

答：

　　你的问题很有代表性。首先，我们可以肯定地告诉你，你妈妈的做法很不妥当。为了让你的妈妈对此有一个正确的理解，下面我们就来谈谈隐私权与孩子成长的关系。

　　人们常期望自己拥有一定空间或一段独处的时间，同时也需要别人尊重自己的这种权利。孩子也是这样。据研究，从婴儿时期起，孩子就有隐私。在这些个人短暂的独处时刻里，孩子能够从中获得自由与幻想的乐趣和体验。未曾体会隐私权经验的孩子，将在人际关系和心理方面产生不良影响。

　　孩子对隐私的需求，我们可以从其平素的抱怨看出。例如，他们说："我可不可以有一个自己的桌子"，或"妈妈，弟弟偷看我写字"等。但是父母们一般都忽略了这些而草率地加以处理。有些父母习惯把孩子视为长不大的小孩。孩子在过份保护的情绪影响下，失去了自由及自己行为的能力，也完全丧失了隐私权。这些孩子不是产生依赖的性格，就是在父母干涉下变得焦虑而不知所措，形成强烈的反抗情绪。平时父母因担忧孩子的行为，而私下翻阅他们的日记、信件之类，引起孩子的抗议。这就是父母无意间忽视孩子隐私权的典型例证。

　　了解家长在做法上的偏失之后，下一步即是学会还给孩子隐私权。他们年龄虽小，但生活本身就是让他们学习成为社会人，遵守社会道德秩序。只有在父母尊重下长大的孩子才能发展成为成熟而自信的个体。

心理学专家指出，父母侵犯孩子的隐私，只会造成孩子的罪恶感，而对他人产生防范警戒之心，甚至引起与父母关系的恶化。而信赖孩子，不仅能培养孩子正确的自我价值观，更能促进其与父母的信赖关系，或许孩子反而更愿意将自己内心的想法与秘密倾诉于父母。

还给孩子们隐私权吧。

# 子女怎样劝解父母间的冲突

问：

有个问题一直使我感到苦恼，即当爸爸妈妈吵架时，我应持什么态度，应如何劝阻？希望您们给予解答。

答：

聪明的父母对于本身的矛盾纠纷，常是有意识地避开子女的，但由于一家人朝夕共处的亲密关系，有时要回避也回避不了。又由于子女是联系父母情感的重要纽带，因此当父母之间产生矛盾时，子女若能采取正确态度，常对问题的顺利解决起到他人所不可取代的作用。据说孔子的学生闵子骞的继母，原是一个偏心狭隘的女人。她用丝棉给自己亲生的两个孩子做了温暖的棉袄，却以芦絮给闵子骞作寒衣。事情败露后，闵父大为震惊，执意要把这妇人撵出去。家里顿时儿号女哭，引起了一场轩然大波。可是闵子骞一番极为得体而又感人至深的话，平息了这场争端。闵子骞恳切地劝谏父亲道："母在一子寒（指自己），母去三子寒。"希望父亲还是不赶走继母为好。这话既消除了爸爸的怒火，也感动了偏心的继母。

这个故事对我们颇有启发，我认为劝解爸爸妈妈之间的矛盾争吵，可注意以下几点：

1. 发扬情感性原则的优势，坚持以调解为主。之所以如此，是根据家庭父母子女之间特殊的情感关系决定的。我们要劝说父母相互忍让、相互谅解，不要斤斤计较小是小非。懂事的孩子就应根据这个原则作好对父母的劝解工作。

2. 要坚持冷处理的原则，劝父母双方抑制怒火，不可火上加油。当父母双方都处于盛怒之下时，应审时度势，设法把双方或一方的注意力引开，冲淡争端的严重气氛。切忌讨好一方而对另一方的缺点或错误加以指责，在争端中推波助澜。人处在盛怒之下，智力会降低到最低程度，这时什么蠢事都会做出来。所以对一时无法解决的争吵，应采取冷处理的方法，待双方都冷静下来后再慢慢解决。

3. 当父母的争吵发展到动武殴打而自己又无法单独制止时，就应及时向邻居和治安人员求援呼救，以免事态进一步恶化。

4. 俗话说："扬汤止沸，不如去火抽薪。"要有效地劝阻父母的争吵，平时就应留心观察父母的动态，熟知父母的心性和特点，在日常接触闲谈中多做劝慰工作，尽可能把双方的矛盾冲突，消除在萌芽状态。

5. 子女要尽可能使自己的言行符合父母的共同要求，赢得父母一致的喜爱，不要让父母为自己的问题引起不必要的争端。

6. 尽管父母之间的矛盾冲突，大量是非原则性的意气之争，但有时也会有大是大非问题。遇到这种场合，在处理方式上虽也要委婉，但也必须明确表明自己的是非观。

# 爸爸受欺负我该怎么办

问：

我是一个中学生，现年 15 岁。这个年龄本当是我求学的黄金时代，而我却非常苦恼。令人苦恼的事是，我爸爸忠厚老实，因而经常被一些人欺负，妈妈认为爸爸不中用，也常为此同爸爸吵架。我年轻好胜，便与那些人争论，弄不好我就挥拳。爸爸怕出事，总是阻拦我。真想不到爸爸这人自己受欺不算，还要我咽恶气。但他毕竟是长辈，只好顺从了他。请问：为什么我们社会主义祖国里，还存在"人善被人欺，马善被人骑"的事情？

我该怎么来解决这一矛盾呢？

答：

由于你的来信中没有提供你爸爸如何忠厚老实的具体情况，因此我无法判定他是识大体、不计小利、谦逊谨慎、"大智若愚"的好同志呢，还是愚懦无能、逆来顺受、自甘受欺受骗的庸人？这里只好姑且把他当做后者看待，就你提出的问题谈谈我们的看法。

1. 家庭内部也需要改革。根据你们家因爸爸无能而常受欺负的情况，建议你们家庭来个观念上的更新，进行适当的改组。最好是通过民主协商，把比较精明能干的妈妈推举出来主持家政，你从旁协助，而让你爸爸退到"第二线"来。如这样做一时确有困难，那至少也得在家里造成一种民主、和谐、团结的气氛。凡家里的重大问题，都得在全体家庭成员中进行民主讨论统一意见，不能老由你爸爸一人说了算。

2. 跟老欺负你们家的那些人打交道务要坚持"以智取，不以力敌"的原则。我认为与同志或亲友相处，固然要讲谦让团结，但也应是有原则有限度的。至于跟那些别有用心的人打交道，就根本谈不上互相忍让了。这不仅是咽不下一口恶气的问题，而是千万不能助长了他们的歪风邪气！当这些人跟你爸爸无理取闹时，你能挺身而出，跟他们争论，这说明你是有斗争勇气的，但有勇还须有谋，要能够审时度势，有理（即为公理正义）、有利（即在有利于己方的形势下）、有节（即掌握分寸适可而止）地进行斗争。这种灵活机动的斗争方式方法，与你"年轻好胜，弄不好就挥拳"的粗鲁做法是完全不相同的。动辄恶语伤人，挥拳用武的结果，不仅会使有理变成无理，而且还会触犯刑律。

3. 团结群众争取社会舆论和道义上的支持。你们全家的成员，平时应多关心自己周围的人（特别是街坊近邻），跟大家和睦相处，团结互助，争取人们对你家处境的了解与同情。这样一旦有事，你们就会得到舆论和道义上的支持。此外，社会上的有关报刊都是人民的喉舌，可据实投函向它们发出呼吁（正像你给我报写信一样），也会引起广大群众和有关方面的重视，而出面为你们主持公道，解决问题。

4. 依靠组织，依靠法律。公民的正当权益是受国家宪法和法律保护的。各地区都有相应的政、法机关和公安部门，你们应当认真地学习有关的法律常识，当公民权益受到侵犯时，就懂得如何依靠组织的帮助，并运用法律的武器来打击坏人保护自己了。

# 怎样给孩子取个好名字

问：

报告您一个好消息，我们快做爸爸妈妈了。真高兴。我们想给小宝宝取个好名字。请您参谋参谋。好吗？

答：

恭喜，恭喜。我乐意为你们当这个参谋，只是你们别忘了把喜糖寄来呵。

名字虽是人的代号，却也体现出长者对子女的学问、品德、作为等方面所寄予的厚望。因此，应该精心给孩子起个好名字。

我国传统的命名习惯讲究音、形、义三个方面。音，即声音响亮、动听；形，写出来美观、不简不繁、不冷僻；义，内涵丰富、积极，不因时代、形势、年龄的变更而改变。

名字是让人家叫的，而且要叫一辈子，因而命名时必须防止同音、谐音可能发生的错觉。比如姓吴的名叫"有才"，用意甚明，可"吴"与"无"同音，易误听为"无有才"，成了反义，这就不好。

叠字命名，动听顺口，为人们所喜爱，但不足之处有三：一是往往只能表音不能表义；二是容易同音，很是不便；三是成年之后，未免滑稽可笑。

从古书中选词命名，是常用之法，但必须注意去其糟粕，选取含义积极的。

一个好名字，应当使人爱喊、爱听、爱看、爱写、有味、内涵丰富、雅致隽永。将姓和名巧妙而有机地结合成一个完整的意义，可谓妙语天成，醒耳悦目，耐人寻味。

有人偏爱单字命名，似太偏颇，其实双字命名，音、形、义俱佳者也不少。

总之，命名大有讲究，既要注意时代特征，又不要追潮逐波赶时髦，要不落俗套，有独特性。

我祝你们给小宝宝起个好名字。

# 再说怎样给孩子取个好名字

问：

看来，天下父母都想为自己的孩子取个好名字。正当我们冥思苦想为即将出世的孩子取个漂亮名字时，读到了您写给读者的信。甚喜。我们想请您就这个问题谈得更具体些，行吗？谢谢。

答：

谢谢您的厚爱。

给孩子取名的原则，我在上一封信中已经说了。这里，就几种方法再作介绍。

1. 组词法。就是让"姓"和"名"组成一个含义完整的词组短语。这个词组可以是偏正结构，如姓黄名河，姓秦名岭，姓高名原；可以是主谓结构，如姓林名青，姓叶名紫，姓牛名耕；可以是联合结构，如姓柴名薪，姓田名野；也可以是短语，如马识途、牛得草。这样取名，姓和名浑然一体，富有诗情画意。

2. 寓志法。就是把对孩子的期望反映在名字上。如姓马名骏。姓祝名捷，姓张名帆，姓白名如冰，姓程名万里等。这样取名可以激励孩子奋发向上，力争名如其人。

3. 重叠法。就是把形体、结构相同的字重叠或拆开组成名字。如聂耳、车轰、牛犇、石磊、林木森、李木子、张长弓等。这样取名，形体内涵达到了高度的和谐统一，可谓新颖别致，独具匠心。

4. 承接法。就是让孩子的名字有一部分同父母的名字相同。如著名京剧武生李万春的儿子叫李少春，李少春的儿子叫李小春；著名豫剧表演艺术家常香玉的长女叫常小玉，幼女叫常如玉。还可以把父母的姓名合起来给孩子取名，如父姓谷、母姓丰，可叫谷丰；父姓齐、母姓梁，可叫齐梁。父母一方姓江，另一方的名字中有"涛"字、"山"字或"流"字，可叫江涛、江山、江流。这样取名，可以显示两代人之间的亲缘关系，加深孩子对父母的感情。

5. 谐音法。就是选择一个首字与父母姓氏同音、寓意深刻的词组给孩子取名。如姓郑（正）名直，姓卢（芦）名笛，姓丁（叮）名冬，姓葛（革）名新。这样取名，选择余地较大，只要这个词组比较常见、直观，仍然不落俗套，富有新意。

古人说"文无定法"，取名当然也没有固定的章程格式，上列数端，实属挂一漏万。只要音调谐和、含义隽永、书写方便，尽可百花齐放，推陈出新，甚至沿袭已久的祖宗成法也可打破。

# 幼儿入园该作哪些准备

问：

春节一过，我们的小岚岚就可以上幼儿园了。请问，我们做父母的该做哪些准备？

答：

1. 感情上的准备。开学前带宝宝到幼儿园去参观，玩玩大型游乐器械，给他讲些父母自己小时候上幼儿园的趣闻，编个"高高兴兴上幼儿园"的小故事给他听，激起他对幼儿园的向往。千万不能用幼儿园或老师作为压力来吓唬宝宝。这样会使孩子对幼儿园产生恐惧心理。

2. 生活习惯和能力的准备。教宝宝知道自己的学名，会讲自己的家庭住址，能独立地吃饭，学会扣衣钮，自己穿鞋，系鞋带，便后会拉上裤子，自己洗手，认识自己的衣物。

3. 物质上的准备。准备一条小被或毛毯，手帕两条。但别忘了绣上宝宝的名字。宝宝入园后穿的衣裤要有可装手帕的口袋，衣、裤、鞋的式样都要便于孩子自己穿脱。

4. 父母自己的思想准备。宝宝刚入园的最初一些日子，可能会发生哭闹或身体不适的情况。父母不必为此担忧，这是常有的事，只要父母坚持配合老师的要求，宝宝会很快适应的。

# 小外孙为何不以我家为家

问：

　　我是个农村妇女，没有儿子，只有闺女。我的小外孙在我家住的时间比在他奶奶家还长。但奇怪的是：这小家伙竟知道不以我家为家，还是以他奶奶家为家。问他疼奶奶还是疼姥姥，他也说疼奶奶。为此我很伤心。请你们为我解答一下，3岁的孩子为啥就知道这些区别呢？

答：

　　儿童的思想意识决不是与生俱来的，而是后天的教育、环境影响的结果。尽管你的小外孙在你家里生活的时间比在奶奶家还长，你对他的爱护和关怀在某些方面甚至还超过他的父母，但在孩子思想意识的发展中，来自外界的传统血缘关系观念对孩子依然有着强烈的影响。

　　关于你小外孙"疼奶奶"的答话，你不必为此伤心。因孩子的父母与他奶奶的亲密关系是孩子朝夕所见的，而孩子生活在你家里时，他的父母没有经常与你同住。还必须顺便指出的是你对孩子"爱谁不爱谁"的提问也是不恰当的。这会有意无意地把孩子纯洁的感情引向不健康的方向发展；要培养孩子正常的感情，那便是既疼奶奶，又疼姥姥。

# 我该怎样寻求工作

问：

　　我今年19岁，高中毕业后，由于成绩不好，没有参加高考。不久前参加了县劳动服务公司举办的电工培训，结业后一直在家待业。我排行老二，两个弟弟还在念书，妈妈无工作，爸爸是位老教师，我们一家五口人，全靠爸爸的工资维持生活。我快 20 岁了，还依靠父母吃闲饭，心中十分不安。

现在由于腐败现象存在，有时有点招工指标，又不按政策条款办事，都被那些有钱、有权人的子女们强占去了。父母怕我到外面惹事生非，常年把我关在家中，我呆在家里，像坐监牢一样，日子十分难过。

我不讲就业的条件，不怕艰苦，也不问离家远近，只要能通过自己的劳动换饭吃，我都愿意去。然而面对现实，我又到哪里去寻找解决的办法呢？

答：

关于你提出的问题，我考虑再三，谨提出以下几点意见供你参考：

1. 我认为你的想法很好，你的确不能再这样无所事事地在家里呆下去了。我国古代有名的教育家颜之推说过，"父兄不可常依"。别说你一家五口人全靠你爸爸一人工资收入的紧张状态，即令你家庭经济情况较优裕，作为一个年近 20 岁的青年人，也不该在家里这样闲呆下去了。人活着虽是要吃饭的，但人不能只为吃饭而活着。你早应该到社会上去闯一闯，开开眼界，长长见识。

2. 就业谋生务要坚持实事求是的原则。就以你的情况来说吧，你对就业有正确的打算，这是很好的。另一方面你谈到招工中的某些腐败现象，这在有些地方确实是存在的。现在党和政府也正在大力惩治，因此不能对此感到漆黑一团，毫无希望。否则就有些失之偏颇了。这不仅会动摇你谋求工作的积极性，而且会削弱追求光明的信心和勇气。

3. 关于求职的具体作法，我的意见是：首先要抓紧时间，积极创造就业的条件。这里主要指的是就业方面的专长和技能。俗话说，技多不压身。你已参加了电工培训，但能否在这方面继续深钻呢？或在深钻电工的同时再学点什么，以扩大自己的就业范围呢？其次，你要抓紧一切就业的机会和途径。就业的机会和途径很多，参加招工考试只是途径之一。除此以外还可多方辗转托人推荐介绍，还可以邀请一批志同道合的伙伴自己来兴办点什么，甚至干个体户。总之此计不成另生一计，此法不通再想他法，有百折不挠的耐心和毅力，再有意识地择交益友，增强社会活动力，问题终可获得解决的。

当然，找到工作的早迟，机遇也很重要。但应知道：机遇只会给予那些平素有充分准备的人。

# 怎样帮助孩子选择职业

问：

我的两个孩子（一男一女）都将在今年七月间从普通高中毕业了。根据他们的学习成绩，参加高考录取的希望不大，他们本人也没有这种要求。而就我们家的经济情况来说，也希望他们能及早就业。如何帮助他们寻找一个适当的职业是摆在我们家长面前的一项艰巨任务。深望您能在这个问题上给我们一些必要的指导。

答：

孩子根据他们自己的实际情况不准备参加高考，这是实事求是的想法，这种心情，我们是能够理解的。但如何为孩子选择一个他感兴趣的、适合他的性格爱好的职业，的确是摆在你和许多家长面前的一个难题。我也深有同感。这里谨就有关资料，为你提出以下几点意见供你参考，谈不上什么指导。

1. 在考虑符合国家社会需要的前提下，重要的是要弄清孩子的兴趣爱好。

孩子们通过学校的学习、文娱活动和各种体育活动，形成了自己的兴趣和爱好。

你可以对孩子提一些问题，帮助孩子找出他的爱好。例如，最使你感兴趣的是什么活动？你最喜欢什么功课？最不喜欢什么功课？你喜欢和别人一起工作吗？你喜欢热热闹闹的工作，还是在安静的环境下工作？能够吸引你的业余爱好和体育运动是什么？如此等等。

2. 只能给孩子以引导，不要强迫命令。

很多父母喜欢开门见山地告诉孩子们，他们应该选择什么职业，不该从事什么职业。这样做会影响孩子们的个性发挥。

做父母的只能建议孩子选择某个职业。有位聪明的家长说：当他的孩子告诉她，说想当演员时，她没有加以干涉，而是和孩子谈论演员必须具备的各种条件和要求，让他先干其他工作，等待机会。她说："如果我干涉了儿子的选择，他还是会想演戏的。"

3. 让孩子增加阅历。

最好的办法是在平时就鼓励孩子积极参加校内外的各种社会活动，或在假期里去做短工。一位饭店的经理让他的孩子在暑假期间到店里工作。年轻人很快意识到他很适合做这种工作。毕业后就到店里做了父亲的帮手。

在暑假期间，让孩子们根据自己的兴趣爱好做短工，甚至义务劳动，对孩子们很有好处。通过劳动，孩子们能获得工作经验，为今后寻求职业打下基础。

4. 切忌唠叨。

要善于引导，不要太唠叨。过多地要求孩子们这样做那样做，会使孩子感到厌烦，同时也降低了自己的威信。

如果孩子们犹豫和彷徨，可以让他们去请教各种职业的老职工或者他们信任的老师、朋友。

据说有一对忧虑重重的夫妇带着他们 17 岁的儿子去找一位知名的心理学家。母亲抱怨儿子成绩太差，缺少兴趣爱好。她悲叹地说：他一点都不为将来着想。

当这位专家单独和这位年轻人交谈时，很快就弄明白，他并不像他母亲说的那样对什么都不感兴趣。专家指出：孩子们也常常担心会使父母失望，所以当他对某种职业没有把握时，干脆就假装没有兴趣。

5. 不要限制女孩子。

女孩子往往受各种影响，对自然科学课程不感兴趣。因此，父母亲应该给孩子多讲一些女性杰出科学家的故事，鼓励女孩子们像男孩子们那样去尝试各个领域的工作。

6. 更重要是要教育孩子根据社会的需要选择。

选择职业常常会失败。父母亲和孩子们要知道：职业是要调整的。因为职业也是在发展的，所以改变职业也是有必要的。另外，也常有这样的情况：由于种种原因，眼前所能找到的职业并不符台你孩子的兴趣和爱好，他所感到有兴趣的工作一时又找不到。因此，社会要求人们不停地学习，做到一专多能，要求人们有更高的水平和责任心，甚至要求人们能胜任完全不同的工作。这些都必须让孩子事先有个思想准备。

# 我的小孩为什么怕黑伞

问：

有天下雨，我到幼儿园去接刚入园不久的儿子，"啪"的一声，我撑开了新买的自动黑布伞，我儿子突然吓得大哭起来。从那以后，凡是黑色的东西，他见了就感到害怕。我婆婆说他"掉了魂儿"。对此，我不知怎么办。请您讲讲我儿子为什么会怕黑伞呢。

答：

要说明这个问题，首先还得要从人的大脑思维发生和发展的过程谈起。幼儿的大脑并不是一开始就和成人的一样，而是逐渐发育成熟的。大脑的发育过程，就是人的思维不断完善的过程。决定思维的是大脑里一种叫大脑新皮层的东西。人若没有大脑新皮层，实际上与动物就没有什么两

样。但大脑新皮质层是长期进化而来的，所以它的发生以及发育都较其他组织为晚。

在出生不到 3 岁这段时间里，脑细胞以惊人的速度增殖，新皮质层细胞长出的神经纤维就像树根一样向四面八方伸展，与其他脑组织细胞取得联系，这样就慢慢地萌发了思维，并且逐渐地向富有想像力的方面发展。但在这个阶段，脑细胞与脑细胞之间的联系并不是恒定的，可塑性很大，要靠反复的刺激才能使得这种联系巩固下来。

突然的声、光刺激作用于孩子的感官，马上传入大脑，就导致了上述的脑细胞与脑细胞之间产生了一条异常通路。若这条通路是发生在管情绪的那一部分脑组织细胞，孩子就会产生恐惧反应；若除去导致恐惧反应的因素，很长时间不再给予这种刺激，这条通路的联系就会自行慢慢中断。而若短期内反复重复这种刺激，就会使这条异常通路保持下来，以后只要受到这种刺激，就会马上反生恐惧反应。

孩子到了 8 岁以后，大脑已基本发育完善，思维能力随之大大加强，已和成人一样能对周围的事物做出正确的判断，因此也就很少发生恐惧现象。

可见，恐惧现象是婴幼儿的一种应激性反映，而并不是什么"吓掉了魂儿"。但恐惧反应对幼儿的身心健康是极其有害的，有时甚至会对孩子今后的神经类型、性格产生影响。因此，恐惧一旦发生，就应找出原因，即时解决。

您可以先打一把花伞给小孩看，再把花伞撑开在地上转花花，使孩子由怕到产生兴趣。下雨的时候，特地用花伞遮雨，并反复地讲明伞是用来挡雨的这一现象。然后，再把原先的那把黑伞拿来给他看，并慢慢地打开，将其和花伞放在一起作比较，这种办法能消除孩子对黑伞的恐惧心理。

为了避免这一类事情的发生，对幼儿应给予安静的环境，避免接触巨大响声和恐怖场面的刺激。平时不要给孩子讲一些刺激性较大的故事，更不能用关禁闭或体罚的方式对待他们。

# 别把孩子扮成异性

问：

我有一位好友近来非常苦恼。原来，他的儿子入学前寄养在奶奶身边，他家三代没生过女孩，奶奶见这孙子从小生得俊俏，就把他扮成女孩，家里人常夸他长得漂亮。他都快 7 岁了，仍然爱和女孩子们一起玩，有时还披上花头巾对着镜子自我欣赏。请问：我的好友的苦恼能得到解脱吗？

答：

确实，常有这种情况：想要儿子的却生了个女孩，喜欢姑娘的又偏生了个男孩，为了满足成人的喜好，于是就在孩子的幼年时将他男扮女装或女扮男装。这些家长往往以为："孩子还小，懂什么男女，既然他乐意随大人如此摆布，有什么关系？"岂不知正是大人自己的这种变态心理的满足导致了孩子心理与人格发展中的某些缺陷，有碍于他或她的身心健康。

促使一个人的心理及人格的发展因素，非常错综复杂，是包括遗传、环境、社会、教育诸多因素相互作用的结果。遗传因素是先天注定的，是男是女不随父母主观愿望，由于先天素质的区别，必然带来不同性别儿童心理特征中的某些差异。自婴儿呱呱坠地起，在他们的哭声中这种差异便可能显露。遗传是前提条件。但是，在人的心理与人格发展中，后天的社会因素作用是更重要的。家长对孩子从小就科学地、顺乎自然地培养教育，孩子便会正常良好地发展；如果违反常规，忽视孩子固有的心理前提条件，强把男扭为女、女扭为男，其结果势必造成心理与人格中的变态和畸形。

人的心理与人格，是在社会生活中逐渐发展形成的。人要在变化着的社会生活中不断地去适应、学习和去扮演自己的社会角色。婴幼儿的世界主要是家庭，家长如何对待他，他在家庭中所处地位和人际关系，就是他扮演的社会角色和学习做人的最初蓝本。因此，在早期注意给子女创造一个合理、正常的生活，使他们的经历对他们的成长发展达到最佳的效果，是十分重要的。家长凭自己对男孩或女孩的特殊喜好妆扮孩子，带给孩子违反正常的童年经历，势必在孩子心灵深处留下不应有的伤痕。

的确，最初，2～3 岁的孩子往往对自己的性别认不清，他们喜欢鲜艳的色彩，给他们扮女装也很乐意。随着年龄增大，知识丰富，正常情况下幼儿开始喜欢与同性孩子一起玩了，再让 4～5 岁的男孩穿花裙子往往会遭到抗拒。可是您说的那个男孩的家长一直把他当成女孩对待，使他习以为常，即使自知是男孩也向往着是个女孩，这种情况就反常了。再加上家中人总是夸奖他美貌漂亮，就更强化了他的女性的自恋心理，对着镜子自我欣赏就是一种表现。

要纠正男孩的女性化，恢复他的男性天性，周围的大人们必须首先改变对待他的态度，创造条件让他多与男性接近，参与男性的活动，使他感受到男人世界的乐趣。要给予他更多的父爱，爸爸要多和他接触、交谈，多带他出游，和他一起玩。因为孩子总是处处喜欢模仿父母，男孩子有多一机会在行为上模仿父亲，男性的性格就容易形成。

# 孩子多放鞭炮为什么不好

问：

春节将至，我们想给孩子多买些鞭炮，好让他玩得尽兴。可是，他奶奶反对，说孩子多放鞭炮不是件好事。我们不明白，孩子多放鞭炮有什么不好？

答：

春节期间燃放鞭炮，固然可以增加欢乐气氛，但是，也给人们，特别是孩子造成危害。不仅容易造成伤人等事故，还会严重污染空气，危害身体健康。

鞭炮中含有硫磺、碳粉、硝酸钾、镁粉、铝粉和合金粉等，在燃烧过程中能产生大量的一氧化碳、

二氧化碳、硫氧化物、氮氧化物及金属氧化物等有害气体和碳黑、二氧化矽、硫等有毒粉尘。据资料表明，燃放鞭炮时放出的有毒气体和粉尘，可使人得气管炎、支气管哮喘、肺气肿、鼻炎、咽喉炎、头痛、头晕等症。不仅如此，它燃放时所产生的噪声高达 90 分贝以上，对小孩、病人、老人，尤其是心脏病人都十分有害。

所以说，鞭炮还是少放和不放为好。

# 怎样保护少女不上当受骗

问：

我单位有位职工的女儿，十几岁就被坏人勾引而失身，她和她的父母都很痛苦。应该怎样防止这种现象发生？我想请教编辑同志，以便提醒有女儿的职工们注意。

答：

你作为妇女干部，很关心职工子女的安全与教育，这是很好的。我们党和政府一贯重视保护妇女与儿童的合法权益。现在全国范围内开展的除"六害"，就是打击坏人并铲除犯罪渊薮的措施。但是，社会是复杂的，总难免还有坏人存在，有的千方百计引诱或胁迫一些无知的少女上当受骗受辱。在这方面，家长要防患于未然。女儿慢慢长大了，就要对她们进行有关性知识和婚前失身的痛苦等教育，更要经常进行识别善恶、美丑、是非的教育，但不要仅停留在说教上，可以举出这类事例进行启发和引导，使她认识一旦受骗的危害性，注意提高警惕性。

在具体防范上，要女儿无论到哪里，都要给家人讲清楚，不要不辞而别，随便外出；不要长时间在外逗留、徘徊，更不可随便在外夜不归宿；晚间不要单独在僻静黑暗的地方停留；不要轻易接受陌生人的邀请，如约会、看电影、郊游、照相、跳舞、上馆子等；不要单身搭乘陌生人驾驶的车船；不要贪别人的小便宜；不要轻易听信和陶醉于陌生人对自己的奉承；不理睬猥亵语言，切忌纠缠；不要对向女性眉来眼去、动手动脚的男性失去警惕；不要在拥挤的场合过多停留；热天的服装要注意保护自身的性敏感部位；不要单独在街头乘凉露宿。

如遭到不法之徒勾引时，应立即走开，不要搭腔逗留；如果坏人们不放过，则必须义正辞严地进行申斥。坏人图谋不轨，不能屈从，应进行勇敢的斗争。作坏事的人毕竟理亏心虚，如果大声呼救抵抗，他会溜之大吉。

少女如果因抵抗不了而万一遭辱时，必须记住罪犯的面貌特征，事后立即报案，切忌为顾名声而含羞忍辱，不依靠法律惩治坏人。那样坏蛋就会得寸进尺，二次三次地污辱，最后又一脚踢开，或者把受害少女也拖下水。

父母们，保护好你们可爱的女儿吧！

# 面部瘢痕可整容治疗　高尚品质须加强修养

问：

我是市郊的一名青工。因故曾与别人发生斗殴，致使脸部至今留有疤痕。

我生相丑，对谈朋友妨碍很大。据乡卫生院医生说，武汉市新近成立了一个整形医院。不知整形医院是否接纳像我这样病情的病人，又不知整形医院的详细地址，医疗手术如何，盼望你们急速回信，解除我的痛苦。

答：

面部的疤痕肯定是可以整容的。建议你来武汉或到上海整容医院做手术。武汉市航空路同济医科大学及协和医院均设有整形科，可前往就医。但有个情况得告诉你，有的人由于体质有特殊状态，皮肤上的一个小口都会留下一个明显的瘢痕或疙瘩。同样的手术，有的人刀口只有细细的一条线，而有特异体质的人，刀口却可能留下又粗又长的红色瘢痕。这完全是体质问题，而不是技术问题。因此你必须谨慎从事，一定得到正规医院详细检查后再做手术，不要急于求成，以免招致不良后果。

一个人外貌丑俊是天生的，无法改变，但心灵的美，是可以经过努力而获得的。一个品行高尚、身体健康的人，是不愁找不到合适的对象的。

# 怎样称呼亲属

问：

我的儿子快 3 岁了。有些亲属经常往来，我不懂该叫孩子怎么称呼他（她）们。有一天，我丈夫的姐姐来了，我忙叫孩子喊"阿姨"，她有点不高兴，说没有这么喊的。请问，怎样称呼亲属们？

答：

关于对亲属的称呼问题，因我国幅员广阔，民俗各异，有些称呼不尽统一，甚至有相互颠倒的，如有的地方称父亲为"爹爹"，可有的地方又称祖父为"爹爹"。不过，就大多数而言，称呼还是比较统一的。现就主要的谈谈。

你丈夫的爸爸，你的孩子应称祖父（有的叫"爷爷"）；你丈夫的妈妈，孩子称祖母（有的叫"奶奶"或"婆婆"）。你的爸爸，你的孩子称外祖父（有的叫"外公"或"家公爷爷"）；你的妈妈，孩子称外祖母（有的叫"外婆"或"姥姥")。

你丈夫的哥哥，孩子应叫伯伯或伯父，你丈夫的弟弟，孩子则叫叔叔或叔父；伯伯、叔叔的妻子应叫婶婶或婶母（婶娘）。你丈夫的姐姐妹妹，孩子应叫姑姑，出嫁了的叫姑母（或姑妈）；姑母的丈夫，孩子应叫姑父（或姑爹）。

你的哥哥弟弟，孩子应叫舅舅（或舅父）；你兄弟的妻子，孩子应叫舅母（或舅妈）。你的姐姐妹妹，孩子应叫姨，出嫁了的叫姨母（或姨妈、娘娘）；姨母的丈夫，孩子应叫姨父（或姨爹）。

伯、叔、姑、姨等，也有尊称的性质。对你的同辈人，即使非亲属关系，也可叫孩子呼伯伯、叔叔、小姑、小姨或阿姨等。

至于姑妈、舅妈、姨妈的子女，你的孩子称他（她）们为表哥、表弟、表姐、表妹；表哥、表弟的妻子为表嫂；表姐、表妹的丈夫为表姐（妹）夫，有的带上其姓直呼某哥。

亲属关系很多，称呼也是复杂的，这里不可能答复详尽。当你遇到不明白的情况时，可询问老人，他们会按当地传统的称呼告诉你。


# 属相与择偶无关


问：

我和男朋友已相好四年，今年"三八"节准备结婚。哪知道，我母亲说男朋友的属相与我的属相不合，如果结婚会招来不幸。我认为母亲的说法不在理，可是又没有什么根据说服她。我感到非常痛苦，请您谈一谈属相与选择配偶到底有没有关系。

答：

有些关于属相与婚配的说法，如"白马怕青牛"、"羊鼠一旦休"、"金鸡怕玉兔"、"鸡猴泪交流"、"龙虎如刀锉"等，毫无科学根据。

要知属相不和能不能结婚这个问题，需要弄清属相的来历。我国古代采用天干地支纪年法。所谓"天干"就是：甲、乙、丙、丁、戊、己、庚、辛、壬、癸这十个字。"地支"则是：子、丑、寅、卯、辰、巳、午、未、申、酉、戌、亥这十二个字。纪年的方法，从"天干"的"甲"开始配"地支"中"子"，依次搭配，得出"甲子、乙丑、丙寅、丁卯、戊辰……等60个组合，俗称"六十花甲"。这种"天干地支"纪年法，六十年为一周期。

人们为了便于推算和记忆年龄，就用常见的十二种动物（即"十二生肖"）与"地支"的十二字相对应，便是：子鼠、丑牛、寅虎、卯兔、辰龙、巳蛇、午马、未羊、申猴、酉鸡、戌狗、亥猪。由此可见，属相并没有什么神秘的色彩，如果当初人们用另外十二种东西来与"地支"对应，也是可以的。

弄清了属相的来历，你就会明白，根据十二种动物间的相合与相克，生发出人与人之间相合与相克，从而左右男女之间的婚姻大事，甚至当做现实生活中某些祸福的根由，是多么的愚昧、荒唐、可笑。

有情人不必在属相中犯疑，属相与择偶无关，愿您喜择嘉婿。


# 怎样为孩子设计卧室


问：

新春前夕，我们分到了三室一厅的新宿舍，很想把孩子的卧室布置得好一些。能不能介绍一点这方面的知识？谢谢。

答：

恭贺乔迁之喜。

　　为孩子创造良好的家庭生活环境，有利于孩子的健康成长，孩子卧室的设计确实很重要。

　　如果卧室坐北朝南，阳光比较充足，那么在装饰上要有一种轻快、鲜明的气氛，以培养孩子开朗活泼的性格。如果卧室坐南朝北，在装饰上要多采用暖色，孩子的床铺要高矮合适，床铺不要垫得太软或太厚。床单选用较鲜艳的颜色，以渲染一种活泼气氛。床头最好设计一小床头箱或柜，上面摆点玩具。如果有条件，在床前方放一件学习用的小写字台，在靠近写字台两边的壁上，挂上一些儿童画或洋娃娃。室内可陈设一些艺术品，陶冶孩子性情。

　　在孩子卧室的设计上，选用什么样的颜色也有讲究，一般应选用红色做点缀，因为红色给人一种热情、向上的感受，很适宜孩子的特点。


# 小孩爱摸电器怎么办


问：

　　近几年，随着生活的逐步富裕，家里添了不少电器。我的孩子好奇心很强，常常这里摸摸，那里动动，我真不放心。你说该怎么办才好？


答：

　　小孩好奇心重，模仿性强，这是难免的。

　　除了教育小孩不要乱摸家用电器外，还必须作一些简单的安全防护措施。

　　1. 接好洗衣机的地线。方法简便，只要把洗衣机的外壳用电线与自来水管连接即可。

　　2. 电风扇即使没开，也不要让孩子乱摸。另外，把电扇的支架与自来水管接上一条接地电线。电扇要一年检查一次绝缘部位的老化程度，并按时加油。

3. 使用电熨斗时，脚下一定要踩一块干燥的木板，不要接触孩子。

4. 房内电源接头如安装过低，孩子能摸到，应加上一个木盒。

5. 电视机的荧光屏是易爆品，要注意孩子在扔东西时别打着它。

# 触了电有救吗

问：

昨天，我听到一个不幸的消息，我的邻居自己动手修理保险丝时触电，等他家里的人把他送到医院时，已经晚了。医生说，如果在家里急救，或许可以生还。请问触了电有什么办法进行抢救。

答：

不小心触了电，如果及时采取正确的措施抢救，是可以避免灾难的。下面给您讲这几点：

触电后的急救：使触电人迅速与电隔离。发现有人触了电，最要紧的是先将触电人与有电的部分隔离。如附近有开关，先将开关关掉；如开关离得太远，而触电的电压是低压电（即普通的民用电压），可用干燥的衣帽垫手，将触电人从有电部分拉开，或用不导电的木棒等将电线挑开。救护时，切不可用手直接去拉触电者，以免急救者自身触电。

触电者脱离电源后，如处在昏迷状态（心脏仍在跳动、还能呼吸），要立即打开窗子，解开触电人的衣服，使触电人能够自由呼吸，一面迅速去请医生救护。

触电者脱离电源后，如已停止呼吸，并伴有心脏停跳，这种现象叫假死。出现这种情况，应迅速进行人工呼吸，同时兼做胸外心脏按摩。有条件的还可以注射 1：1000 肾上腺素 1 毫升，也可以用新针强刺激人中、内关、阳陵泉等穴，绝大部分可以救活。抢救的时间越迟，救活的希望越小。当心跳和呼吸恢复正常后，对局部触电伤口，用无菌敷料或干净的毛巾、手帕等包扎，防止感染出血，然后转送医院。